Feuerspucken und Feuerschlucken

Wo immer wir dem Feuer begegnen, können wir uns seiner Wirkung nicht entziehen. Seine Glut wärmt, ist wohltuend und heilsam, seine Flamme leuchtet und reinigt, und seine um sich greifende, zerstörerische Gewalt kann in Angst und Schrecken versetzen und zugleich eine ungeheure Faszination ausüben [...].

(Gisela Reiß in Traumbild Feuer)

Patrick Fonger

Feuerspucken und Feuerschlucken

Tricks mit Feuer

Edition Aragon

Warnung:

Pyrofluid und die meisten anderen Flüssigkeiten, die zum Feuerschlucken und Feuerspucken benutzt werden, können zu LEBENSGEFÄHRLICHEN Lungenerkrankungen führen. Bei Atemnot oder Fieberanfällen SOFORT einen Arzt aufsuchen! Besonders bei Husten, Schluckauf und Schnupfen nicht Feuerspucken oder Feuerschlucken.

Nach dem Feuerspucken nicht sofort sprechen, sondern erst den Mund ausspülen!

In jedem Fall ist Feuerschlucken und Feuerspucken eine gefährliche Angelegenheit für den Künstler, bei unachtsamer Ausführung unter Umständen auch für die Zuschauer. Darum ist höchste Konzentration erforderlich.

Die in diesem Buch aufgeführten Tricks sollten nur ausgeführt werden, wenn absolute Konzentrationsfähigkeit gewährleistet ist. Dies ist selbstverständlich nicht bei Müdigkeit oder einem schlechtem Allgemeinbefinden der Fall. Ebenso sind Unsicherheiten bei der Trickanwendung potentielle Gefahrenquellen.

Die Anwendung der im Buch aufgezeigten Tricks geschieht selbstverständlich auf eigene Verantwortung!

Edition Aragon
Aragon GmbH
Amselstraße 8
47445 Moers
Deutschland
Telefon 02841-16561
Fax 02841-24336
Email: aragon-moers@web.de
www.aragon-verlag.de

Lektorat: Willi Klauke
Übersetzung: Paul Keast, Gabi Keast
Satz: S&ES, Vettelschoß
Druck: Memminger MedienCentrum AG
Printed in Germany
ISBN-10: 3-89535-432-5
ISBN-13: 978-3-89535-432-8

Inhaltsverzeichnis

Danksagungen:

Ich möchte an dieser Stelle allen Freunden, die mir bei der Realisierung dieses Buchs geholfen haben, meinen Dank aussprechen.

Für wirklich hervorragende Photos danke ich Martin Kamp und Karl Weidinger. Darüber hinaus gebührt Martin Kamp noch zusätzlicher Dank für die andauernden kritischen Betrachtungen.

Ein großes Dankeschön geht an meinen »Zauberfreund« Norbert Axnick (Krefeld), der mir mit qualifizierten, konkreten Anmerkungen und Vorschlägen geholfen hat.

Imke Buchholz war mir eine große Hilfe, weil sie immerzu Zeit fand, um Teile des Manuskriptes zu prüfen und sich kritisch dazu zu äußern.

Lydia Hilgers gab mir zahlreiche Anregungen, redigierte und machte viele Vorschläge, die ich in die Tat umsetzten konnte.

Schließlich danke ich meiner Tante Elke Fonger für ihr abschließendes Probelesen und Falko Wieneke, der mir bei Computerfragen half. Desweiteren geht ein großes Dankeschön an jene Ladengeschäfte, die Feuerspuckfluid zur Verfügung gestellt haben.

Vorwort

Dieses Buch ist für all diejenigen, die sich für das Feuerspucken und Feuerschlucken interessieren. Der Inhalt ist gleichermaßen gedacht für Neulinge und auch Leser, die schon Kenntnisse auf den Gebieten der Feuerkunst haben.

Die Auswahl der Tricks, die erläutert werden, umfaßt neben einem in der Kleinkunstszene recht verbreiteten Teil einen weiteren, der auf unbekanntere Tricks zurückgreift.

Die Ausführungen zu den einzelnen Tricks und die Lernanleitungen sollen unbedingt als Empfehlungen betrachtet werden. Sie sind selbstverständlich nicht als Vorschrift gemeint. Die beschriebenen Tricks und Abläufe beruhen zum größten Teil auf meiner jahrelangen Erfahrung als Feuerkünstler. Viele Trickgeheimnisse habe ich selbst einmal von anderen Künstlern erfahren und teilweise nach meinen Bedürfnissen ausgebaut. Die Angaben können kein hundertprozentiger Garant für das Gelingen der verschiedenen Tricks sein, doch nach meiner Überzeugung können sie durchaus als Anleitung gelten.

Es gibt kaum Literatur zum Thema Feuerspucken und Feuerschlucken, dieses Buch schließt eine Lücke.

Wichtig! Ich kann selbstverständlich keine Haftung für die im Buch beschriebenen Tricks und Effekte übernehmen. D.h. der Ausführende trägt allein die uneingeschränkte Verantwortung und Haftung für alle Folgeereignisse, die aus der Ausführung und Anwendung aller hier genannten Effekte resultieren.

Ich habe die Ausführungen zu den einzelnen angesprochenen Themen bewußt sehr ausführlich gestaltet. Dem einen oder anderen mag die Lektüre bestimmter Kapitel vielleicht langatmig vorkommen. Aber die Ausführlichkeit hat ihre Berechtigung. Bei dem äußerst gefährlichen Thema Feuer bleiben selbst bei ausführlicher Darstellung immer noch Fragen offen. Damit sich kein Leser aus Unwissenheit in gefährliche Situationen bringen kann, habe ich viele (hoffentlich fast alle) Eventualitäten angesprochen.

Ein weiterer Grund für meine ausführlichen Darstellungen liegt sicherlich in den verschiedenen Auffassungen und Interpretationsansätzen vom Geschriebenen. Jeder hat seine individuellen Probleme und Stärken. Darum habe ich versucht, alle Ansätze aus verschiedenen Blickwinkeln heraus zu beleuchten.

Wenn im weiteren Verlauf von DEM Feuerspucker oder Feuerschlucker die Rede ist, dann spreche ich ebenfalls DIE Feuerspuckerin oder Feuerschluckerin an.

Viel Spaß mit der Lektüre, und viel Erfolg mit den feurigen Tricks!

Patrick Fonger

Einführung

Viele Personen sind vom Feuer – unabhängig davon, in welcher Form es erscheint – fasziniert. Die Neugier siegt oft über die Angst oder Ehrfurcht vor der zerstörenden Kraft des Feuers. Tritt ein Feuerkünstler in Szene, so sind die Zuschauer beeindruckt. Oft liegt dies an der heimlichen Faszination, die das Feuer bei uns Menschen verursacht.

Mein Weg zur Feuerkunst begann vor vielen Jahren mit dem Einstieg in die Zauberei. Über einen Zauberfreund geriet ich immer weiter zum Feuerschlucken und Feuerspucken. In der Zauberkunst gibt es eine Fülle deutsch- und englischsprachiger Literatur, mit der ich mich natürlich auch beschäftigte. Schon immer hatten mich Zauberer und Kleinkünstler (Jongleure, Fakire, Feuerkünstler und Artisten) interessiert. In einem Buch eines deutschen Zauberers fand ich eine kurze Abhandlung über das Feuerschlucken und Feuerspucken. Ich orientierte mich bei den ersten Feuerversuchen an dieser Abhandlung, fand aber schnell heraus, daß diese nur unzureichend war. Weitere Tips bekam ich von Freunden aus der Kleinkunstszene. So wurde aus den anfänglichen Versuchen eine langwierig erlernte und erprobte Technik.

Im Laufe der Zeit erlernte ich neue Feuertricks und stellte mit Erstaunen fest, daß es auf dem deutschsprachigen Markt keine (ausführliche) Literatur zum Thema Feuerspucken und Feuerschlucken gibt. Lediglich über einen Versandhandel (Zauberartikel und -literatur) aus Österreich ist eine Broschüre erhältlich. Diese Broschüre ist aber äußerst knapp gehalten. In der Bibliothek des Magischen Zirkels von Deutschland (MZvD) sind einige ältere, englischsprachige Werke vorhanden, die sich zum Teil mit den oben genannten Themengebieten auseinandersetzen. Leider sind diese Werke nur den Mitgliedern des MZvD vorbehalten. Ausnahmen werden nicht gemacht, so daß diese Literatur nicht (oder nur wenigen) zugänglich ist.

Im Spätsommer 1993 wuchs langsam eine Idee heran. Warum sollte ich nicht versuchen, den Mißstand auf dem Büchermarkt ein wenig zu beheben und selbst ein Buch schreiben? In vielen Gesprächen mit Freunden wurde die Realisierbarkeit einer solchen Idee erörtert. Fazit: Die Idee wurde allmählich konkreter und der Anfang zu diesem Buch war gemacht.

Wichtig! Grundsätzlich muß allerdings noch auf einen wichtigen Umstand hingewiesen werden. In diesem Buch werden einige Trickgeheimnisse offengelegt, die in der Regel nur einem bestimmten Personenkreis aus der Kleinkunst- und Artistenszene vorbehalten sind. Daraus entsteht eine Notwendigkeit:

Jeder Leser muß sich dessen bewußt sein. Das heißt, eine Verbreitung des hier erlangten Wissens sollte unterbunden werden. Ausnahmen gelten selbstverständlich dann, wenn es sich um Personen handelt, die ernsthaft interessiert sind und nicht nur Trickgeheimnisse erfahren wollen.

In der Zauberkunst existiert diese geachtete Regel schon seit langer Zeit. Es dürfte sich als schwierig erweisen, von einem Zauberkünstler Trickgeheimnisse zu erfahren. Dieser Zauberkünstler würde sich dadurch indirekt selbst schädigen. Wie würde beispielsweise ein Magier und Illusionist wie David Copperfield auf der Bühne wirken, wenn seine Tricks kein Geheimnis mehr wären?

Faszination Feuer

Der Feuermensch

Eine Erzählung von Olaf Jentjens

Es dunkelt um die alten Wagen. Abgezäumt warten Pferde – kauen oder liegen einfach im feuchten Gras. Vom Dorf her fackeln Lichter, und rennend erreichen die ersten Kinder das Gauklerlager. Sie vergessen, sich zu prügeln. Staunend steht Janek, dessen Eltern, wie er, kaum mehr von der Welt kennen, als den benachbarten Bergrücken, vor diesem Lager aus einer anderen Welt.

Als die Plane des ersten Wagens zurückschwingt, treten Menschen näher. Kinder werden durch die Reihen gedrängt. Ein flüsternder Abendteppich entsteht. Kehliges Lachen oder Husten eines Mannes. Dann wird es still. Eine Hand ist erschienen, sieht schartig unter der Plane hervor. Janek greift nach der Faust seiner kleinen Schwester. Es gibt wüste Geschichten um die Gaukler. Man weiß nicht, was das für Wesen sind, noch was sie tun. Die letzte Sonnenröte ist an den Hängen verglommen und Nacht schliert vom Tal herauf. Es ist still, so still, daß Janek das knickende Gras unter seinen Füßen hören kann.

Dann fällt ein Feuer aus dem Wagen. Die Schwester kneift in Janeks Bein. Rasend kreist ein brennendes Band die Wartenden ein und flackert hoch. Tanzende Dämonen spielen auf den Gesichtern und vor allem auf einem Gesicht. Aus dem Wagen tritt eine fürchterliche Gestalt. Die Kinder weichen zurück. Einige Kleine krabbeln zwischen die Beine der Erwachsenen, und alle starren zum Planwagen hin. Die nackte Brust des Feuermenschen ist mit Flammen überzogen. Dickes schwarzes Haar, zum Zopf gebunden schlingt weit über den Rücken hinab. Breitbeinig steht er da, lacht rauh in die Nacht. In beiden Händen trägt er Fackeln.

Janek spürt wie seine Hände feucht werden. Der Feuermensch legt den Kopf zurück. Immer noch lachend führt er in weitem Bogen die Fackel seiner rechten Hand auf das Gesicht zu. Janek erschrickt. Es wird laut. Etwas zerplatzt.

»Er verbrennt sich«, schreit Janek und hält sich die Ohren zu. Die Schwester weint. Der Hüne lacht noch immer. »Er will sich verbrennen.« Dicht vor der Nase stoppt der Feuermensch die Fackel, sodaß der lodernde Glanz über seinem Gesicht zerfließt. Er wartet. Dann, blitzschnell, stößt er die Fackel hinab – auch Männer schreien jetzt – in den weit aufgerissenen Schlund, richtet sich auf, grinst. Die Fackel hängt ihm schief aus dem Mund.

»Er ist ein Dämon, der das Feuer frißt«, denkt Janek. »Es brennt jetzt in ihm und macht ihm nichts aus.« »Jetzt löscht er die Flammen, die er gegessen hat«, erklärt Janek seiner Schwester, die es jetzt wieder wagt hinzugucken. In der Tat setzt der Feuermensch zu einem

großen Schluck an, bläht die Backen, hält eine brennende Fackel dicht vor das Gesicht und lehnt sich erneut zurück. Ein Flüstern hebt an. Dann, ohne Warnung, rollt eine Flammenwalze über die Staunenden hinweg. Der Hüne steht da und wilder Brand strömt aus seinem Mund.

In dieser Nacht kann Janek nicht schlafen. Über die Clowns mußte er lachen, die Jongleure haben ihn verwirrt und der Kraftmensch tief beeindruckt. Der Trompeter hat ihm eine Feder geschenkt, doch in seinem Kopf lebt nur ein einziges Bild: Der Flammendämon, wie er über dem hölzernen Wagen steht und einen Feuerball, dreimal so groß wie er selbst, zwischen den Lippen hervorstößt, gegen den schwarzen Himmel preßt und erlöschen läßt. Die Zungen eines Drachen, sind diese Flammen, ein zerstörender Nebel.

»Eines Tages...«, denkt sich Janek, »Eines Tages werde ich Feuer essen.«

(Abgedruckt mit der freundlichen Genehmigung des Autors)

Feuer hat eine enorme Wirkung auf den Menschen. Die Art der Faszination oder des Schreckens, die das Feuer verbreitet, sind ungeheuer vielfältig. So gibt es zahlreiche Abhandlungen über das Thema Feuer aus dem Bereich der Psychologie. Aber auch in historischen Quellen gibt es viele Beschreibungen und Erzählungen.

Die stimmungsvolle Beschreibung des Begriffes Feuer (von Gisela Reiß) im Vorspann dieses Buches und auch die obige Erzählung geben Aspekte der Faszination Feuer wieder.

Gerade in der Feuerkunst gewinnt das Feuer eine magische Anziehungskraft. Es wirkt gefährlich; Grenzen des Möglichen und des Faßbaren werden verwischt. Das Feuer in der Feuerkunst fasziniert, weil es unmittelbar mit dem Menschen in Kontakt steht, vom Menschen kontrolliert wird, aber den Menschen nicht angreift.

Im Zuschauer weckt das Feuer vielleicht eine exotische Begierde – die Gier nach der Ferne und dem Unbekannten.

Der französische Philosoph Gaston Bachelard hat sich sehr viel mit Feuer und dessen Wirkung auf den Menschen beschäftigt. Er verbindet das »Element« Feuer ganz konkret mit humanen Verhaltensmustern. Dazu hat er einige Modelle (Er nennt diese Modelle Komplexe.) entwikkelt, mit denen er diese Verhaltensmuster zu erklären versucht.

Unter dem Begriff des Prometheuskomplexes versteht Bachelard zum Beispiel den Drang eines Kindes, den Eltern heimlich und verbotenerweise Feuer (in Form von Zündhölzern o.ä.) zu entwenden. Der Reiz dieser Handlung wird dem Kind durch das entsprechende Verbot und die erlernte Angst vor dem Feuer (die gleichzeitig auch eine gewisse Spannung mit sich bringt) nahegebracht. Das Kind hat grundsätzlich keine erblich bedingte Angst vor dem Feuer; die Angst wird dem Kind allerdings durch Ermahnungen, einen Klaps auf die Hand oder eigene Erfahrungen gelehrt, wenn es beispielsweise zur Kerzenflamme greift.

Bachelard lehnt den Begriff Prometheuskomplex an eine Sage aus der griechischen Mythologie an. In dieser Sage entwendet Prometheus mit einem leicht entzündlichen Span ein wenig Feuer von dem glühendheißen, dahinrasenden Wagen des Feuergottes Helios. Prometheus empört sich so gegen die Götter und bringt das Feuer als Raubgut vom Götterberg Olymp hinab zu den Menschen. Zeus jedoch schmerzt es, die Menschen mit einer solchen Gabe ausgestattet zu sehen, und sein Zorn und seine Rache treffen Prometheus wie ein gewaltiger Blitz.

Die Anlehnung des beschriebenen Komplexes an die Sage um Prometheus ist also gar nicht so abwegig, da es sich im Prinzip beide Male um die gleiche Problematik handelt.

Anhand der Beschreibung des Prometheuskomplexes ist sicherlich deutlich geworden, wie stark die Verbindung von menschlichem Verhalten und dem Element Feuer ist. Bachelard beschreibt noch viele weitere Komplexe und gibt so einen Einblick in die »Psychoanalyse des Feuers« (So lautet auch der Titel eines seiner Bücher.)

Ungeachtet solcher Schriften können insbesondere im Verhalten eines Kindes viele Erfahrungen mit dem Begriff des Feuers beobachtet werden. Die Psychoanalyse liefert jedoch in der Regel nur Erklärungsmodelle, d.h. die Wahrhaftigkeit dieser Modelle ist nicht bewiesen. Doch auch die Beobachtung und die Hinzunahme von gesundem Menschenverstand lassen die Bedeutsamkeit von der Faszination Feuer erkennen.

Nun ist es an dieser Stelle nicht das Ziel, den Leser über psychologische (und philosophische) Aspekte aufzuklären. Die Beschreibung des Prometheuskomplexes soll quasi stellvertretend für das weite Begriffsfeld um das Element Feuer stehen.

Es soll angeregt werden, selbst einmal im täglichen Leben auf den Umgang mit Feuer (in welchen Formen auch immer) zu achten und die Bedeutung zu sehen.

Auch in der Geschichte der Erde (und sogar der ganzen Welt) hat das Feuer einen sehr wichtigen Stellenwert. Das Feuer begleitete den Menschen in dessen gesamter Evolutions- und Entwicklungsgeschichte – als Naturgewalt, als Existenzgrundlage, als Waffe, als Enegiespender usw.

In den ersten Zeiten des Feuers (v.Chr.), in denen der Mensch das Feuer nutzen lernte, fand ein gewaltiger Entwicklungsschritt beim Menschen statt. Er lernte zu dieser Zeit den unschätzbaren Wert des Feuers kennen. Er mußte es gegen Entwendung verteidigen und über längere Zeiträume unter Kontrolle halten und aufbewahren.

In späteren Jahrhunderten (n.Chr.) benutzten Gaukler und Marktreisende das Feuer als Attraktion und Animation für das Publikum. Zu dieser Zeit tauchten die ersten Feuermenschen auf, die die Zuschauer in ihren Bann schlugen. Die Menschen waren damals (so ist es anzunehmen) um ein Vielfaches faszinierter, wenn ein Gaukler Feuer schluckte oder spuckte. Das lag bestimmt auch an der mangelnden Erfahrung mit solchen Künsten.

In der Gegenwart kennen viele Menschen Feuerkünstler, da deren Vorkommen wesentlich häufiger ist, und sie oft auch, dank der Medien, bis nach Hause ins Fernsehzimmer kommen.

Die Erzählung »Der Feuermensch« spielt genau zu der oben beschriebenen Zeit der Gaukler, die über die Dörfer reisten und Vorstellungen gaben. In der kurzen Geschichte kommt die Faszination, aber auch die Ehrfurcht und Angst der Zuschauer deutlich heraus. Der kleine Held der Geschichte, Janek, ist nachhaltig beeindruckt und will mit seinem Vorhaben, selbst einmal Feuer zu essen, die Mauer von Ehrfurcht und Angst durchbrechen.

Ausrüstung und Materialien

In diesem Kapitel wird aufgezeigt, welche Mittel zum Erlernen und Ausüben der Techniken des Feuerspuckens und des Feuerschluckens erforderlich sind. Es werden Beschaffungsquellen verschiedener Materialien sowie Tips zu einigen Hilfsmitteln genannt. Vor allem aber befaßt sich dieses Kapitel mit der Herstellung von eigenen Fackeln.

Damit keine Mißverständnisse aufkommen, in welche Kategorie (Feuerspucken oder Feuerschlucken) die einzelnen Materialien einzuordnen sind, werden die Materialien, in zwei Gruppen getrennt, erläutert. Diese beiden Gruppen werden in den Abschnitten »Materialien zum Feuerspucken« und »Materialien zum Feuerschlucken« behandelt. Dabei werden einige Materialien doppelt genannt, was zum einen der Vollständigkeit dient und zum anderen für Interessenten an nur einer der beiden oben genannten Kategorien von Vorteil ist.

Benzin
APOTHEKE
Brand- und Wundgel [redacted]

Materialien zum Feuerschlucken

Um das Feuerschlucken zu erlernen und später Vorführungen darzubieten, sind folgende Dinge notwendig:

1. Fackeln

Es gibt Fackeln im Handel, die eigens für Feuerschlucker konzipiert wurden. Außerdem gibt es auch eine relativ einfache Möglichkeit, solche Fackeln selbst herzustellen. Für den Anfang empfiehlt sich letzteres, da diese Methode vollkommen ausreichend und erheblich billiger ist. Erst wenn Routine und genügend Erfahrung beim Feuerschlucken vorhanden sind, kann individuell entschieden werden, ob eine gekaufte Fackel Vorteile gegenüber der selbst hergestellten hat.

Material für eine Fackel

- ein handlicher Stab, beispielsweise aus Messing (35-40 cm lang, Durchmesser von etwa 7 mm)
- normale Kosmetikwatte
- eine Rolle weißes Baumwollzwirn

Herstellen einer Fackel:
Die Bezeichnung Herstellen einer Fackel ist genau genommen nicht ganz korrekt. Es wird lediglich etwas Watte um das eine Ende des Fackelschaftes (d.h. des Metallstabes) gewickelt. Aus diesem Grunde wird der Vorgang im folgenden mit »Wickeln einer Fackel« bezeichnet.

Ein länglicher Wattestreifen wird um das Ende des Stabes herumgewickelt und durch Drehen in der Hand so fixiert, daß ein festes Watteknäuel entsteht. Mit Baumwollzwirn wird das Knäuel fest umbunden. Damit wird erreicht, daß das Knäuel nach dem Tränken in die Fakkelflüssigkeit nicht von der Fackel rutscht. Wird die Fackel kopfüber in die Flüssigkeit getunkt, dann könnte das schwere (weil nasse) Knäuel von der Fackelspitze gleiten. Es empfiehlt sich daher, nicht mit Knoten zu geizen.

Ausführliche Beschreibung:

Erster Schritt
Von der Watte wird ein Streifen (Länge 10-15 cm, Breite ca. 4 cm) gelöst. Der Wattestreifen sollte an allen Stellen in etwa gleich dick sein. Zudem wird ein Stück des Baumwollzwirns (Länge 30-50 cm) bereit gelegt.

Zweiter Schritt
Der Wattestreifen wird auf die Handfläche der einen Hand gelegt. Mit der anderen Hand wird nun der Metallstab (Fackelschaft) ergriffen und mit einem Ende am Anfang des Wattestreifens plaziert. Dabei bilden Wattestreifen und Fackelschaft einen rechten Winkel. Das Ende des Schaftes sollte bündig mit der Wattestreifenseite abschließen, so daß die oberen 4 cm des Schaftes auf dem Wattestreifen ruhen.

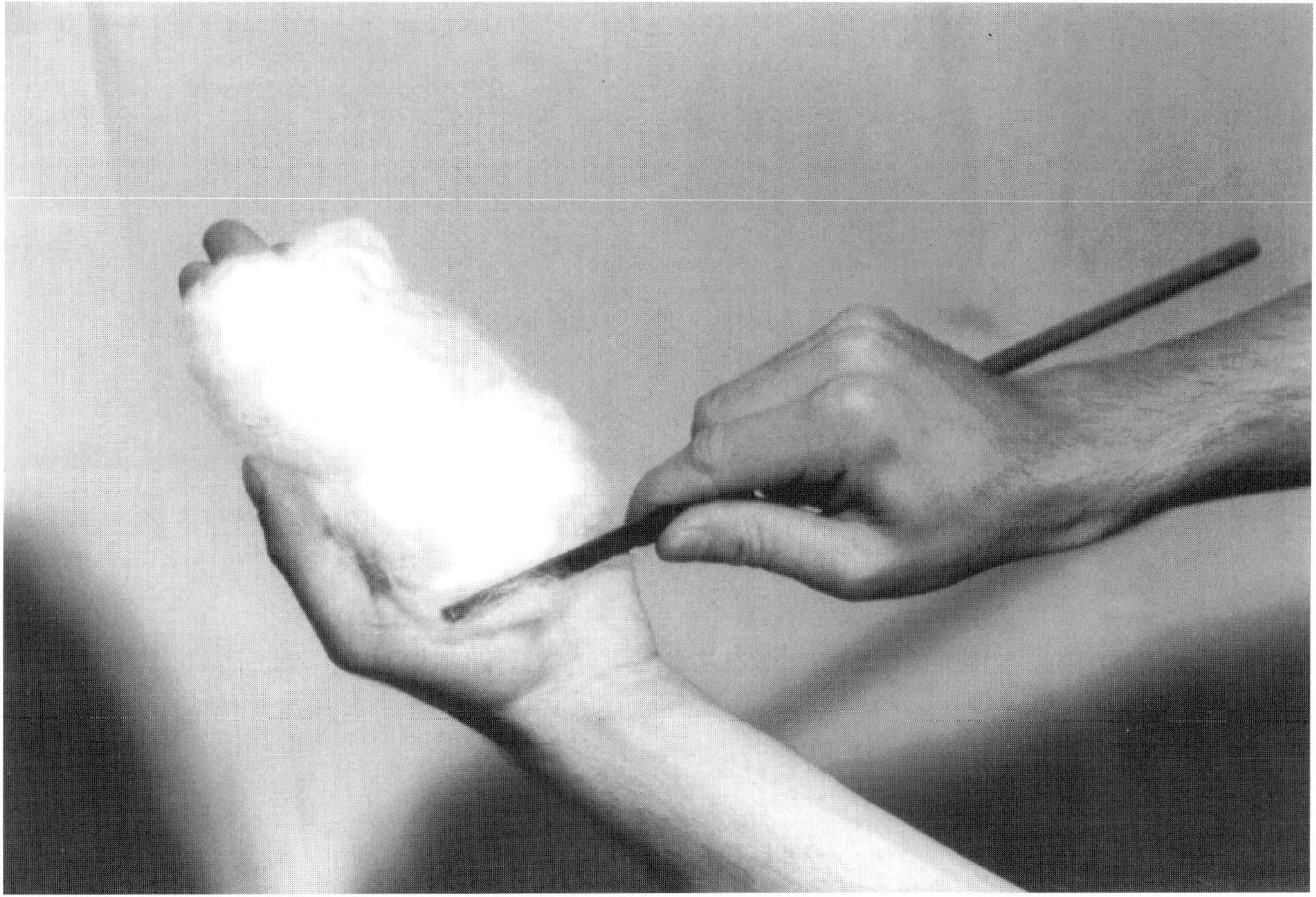

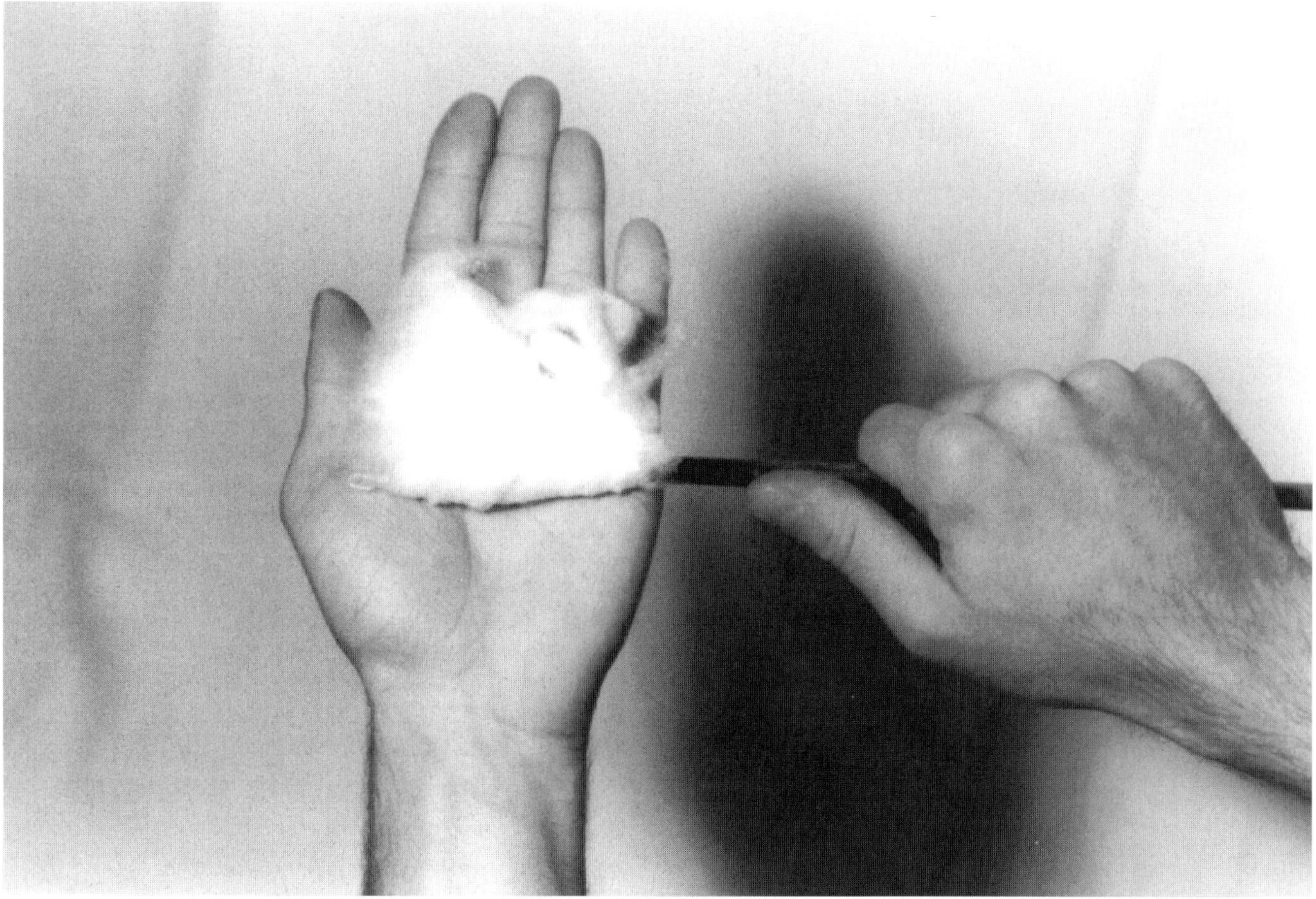

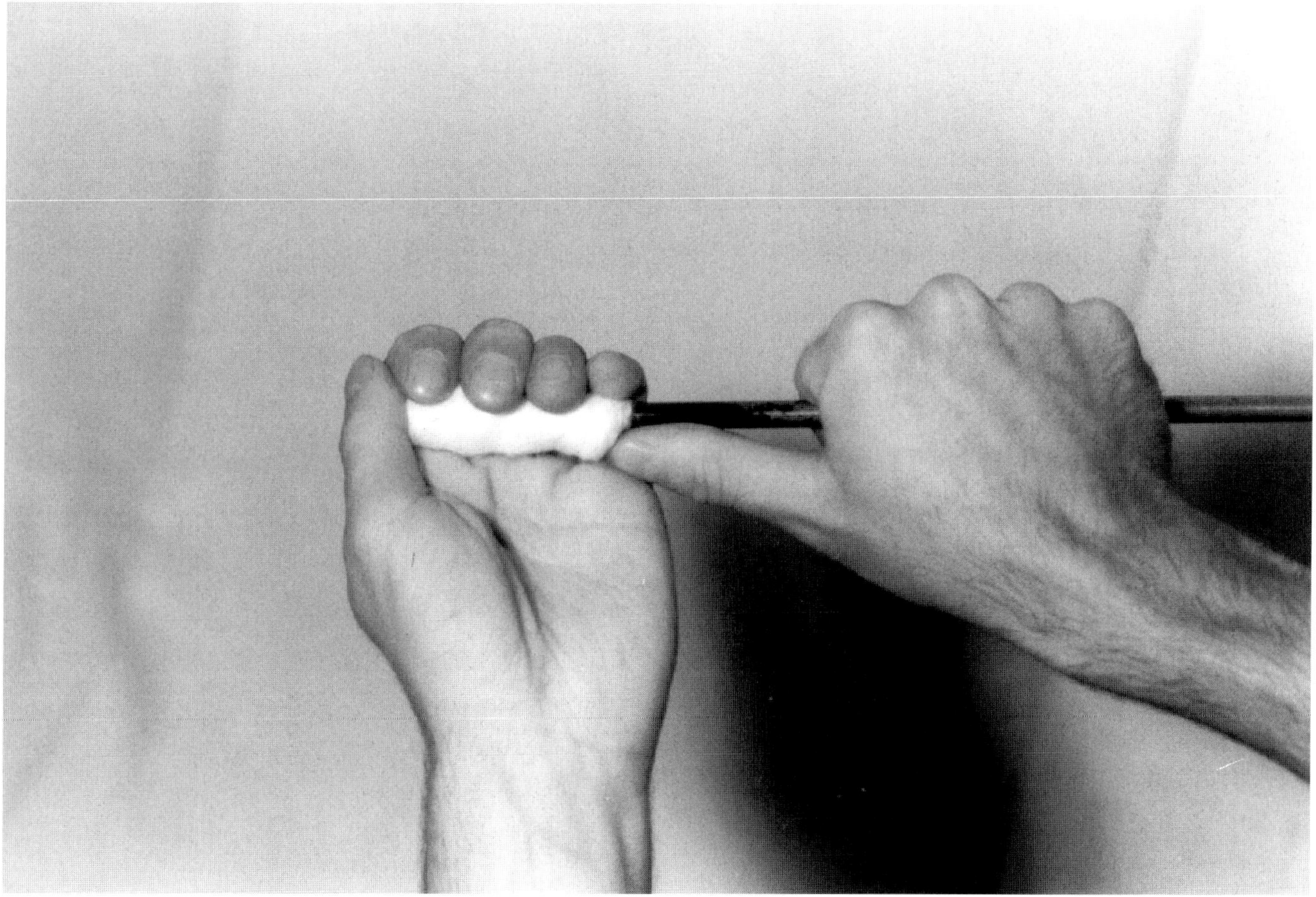

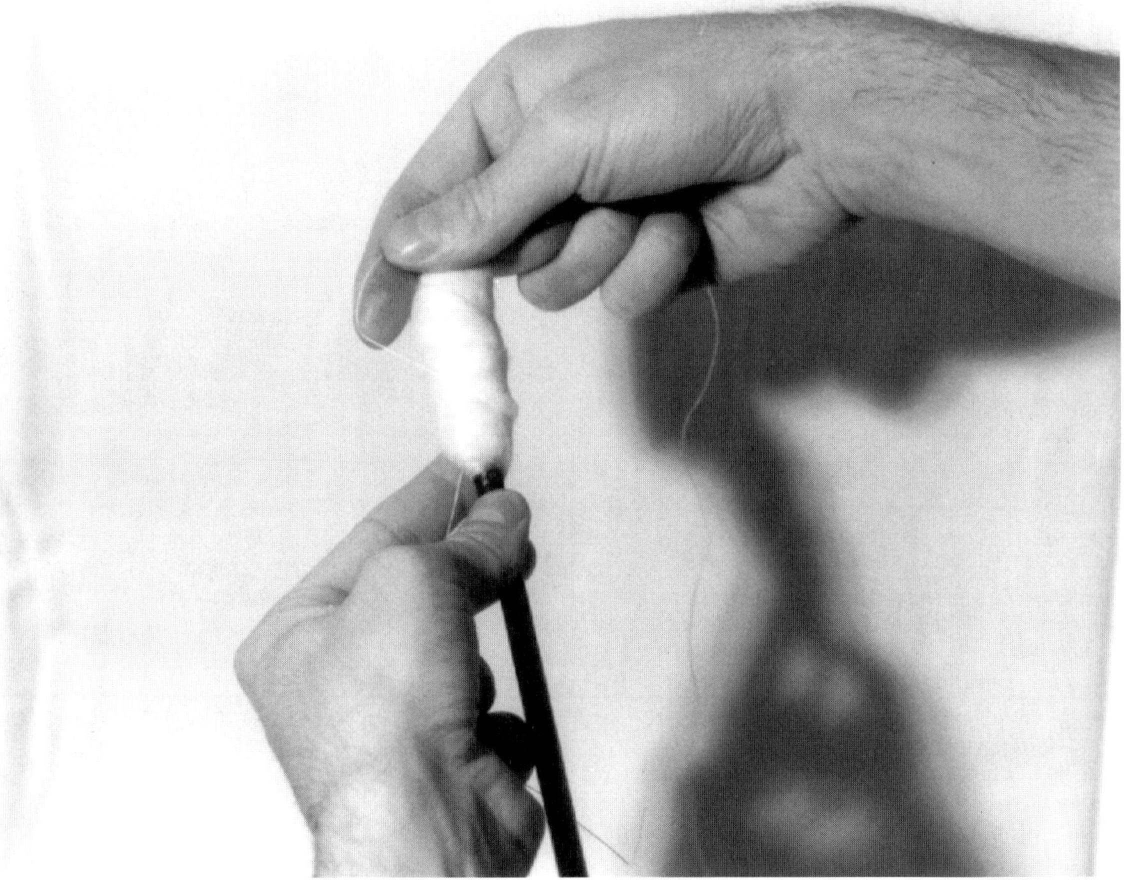

Der Wattestreifen muß nun fest um den Schaftkopf gewickelt werden. Dazu wird der Wattestreifen an einem Ende leicht eingeschlagen. Mit Hilfe der Daumen beider Hände kann die Watte leicht unter den Schaftkopf geschlagen werden. Durch Drehen des Schaftes und leichtes Zurechtrücken des Wattestreifens kann die Watte vollständig aufgerollt werden. Wird das Watteknäuel vorsichtig in der geschlossenen Hand (Faust) durch Drehen des Fackelschaftes bewegt, so wird das Watteknäuel immer fester. Mit Hilfe dieser Methode kann das Watteknäuel ideal geformt werden. Überstehende Fransen werden so geglättet, und auch der Wirbel, der sich an der Fackelspitze bildet, kann abgeflacht werden.

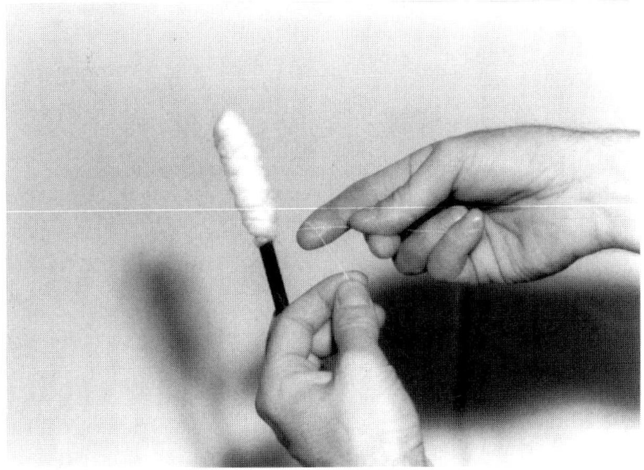

Dritter Schritt

Mit dem Baumwollzwirn wird anschließend das Watteknäuel fest und gleichmäßig umwickelt. Dazu wird der Faden am unteren Ende des Knäuels angesetzt. Es muß allerdings noch ein Stück Faden, welches zum Verknoten benutzt wird, von etwa 10 cm Länge überstehen.

Nun wird der Faden spiralenartig um das Knäuel bis zur Fackelspitze gewickelt. Oben angekommen, wird der Faden wieder spiralenartig bis zum unteren Ende des Knäuels gebunden. Hier werden nun beide Enden des Fadens mehrfach verknotet. Die verbleibenden Knotenenden werden abgeschnitten.

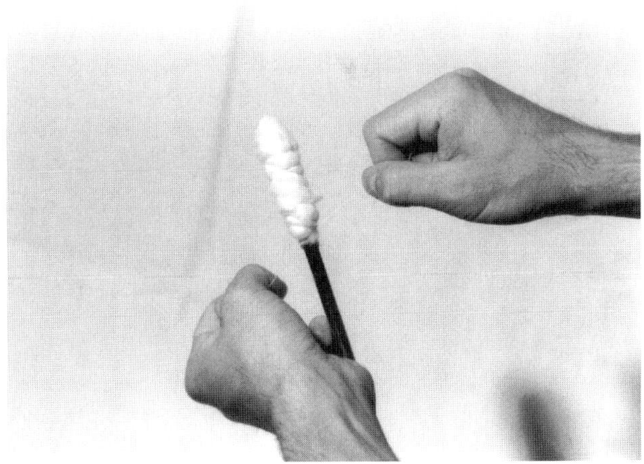

Eine Vergrößerung der Dicke und Länge des Watteknäuels bewirkt eine dazu proportionale Vergrößerung der Flamme. Das Knäuel sollte etwa eine Länge von 4-6 cm sowie eine Dicke von etwa 15-25 mm aufweisen.

Achtung! Der noch unsichere Feuerschlucker sollte erst einmal mit kleinen Flammen, d.h. mit kleinen Watteknäueln, beginnen.

Wird die fertige Fackel in Fackelflüssigkeit getränkt und entzündet, dann liegt die Flammenhöhe in etwa bei 10-25 cm.

Entscheidend für eine gute Fackel ist die Saugfähigkeit des Knäuelmaterials. Im Handel sind spezielle Fackeln erhältlich, deren Kopf aus mehreren Windungen eines Baumwoll- oder asbestfreien Kevlargewebes besteht. Diese Fackeln sehen ähnlich aus wie Jonglierfackeln, unterscheiden sich aber in der Stabform sowie in der Dicke der Windungen. Jonglierfackeln haben in der Regel keinen geraden, stabförmigen Schaft, sondern sind keulenförmig. Dies hat mit den Flug- und Balanceeigenschaften zu tun, die eine solche Fackel aufweisen muß. Zum Feuerschlukken sind preisgünstige Fackeln mit Wattewicklung durchaus ausreichend.

Wer aber gerne mit anderen Fackeln arbeiten möchte, der kann diese ebenfalls selbst herstellen. In Jonglierfachgeschäften sind oft Fackeldochte erhältlich. Fakkeldochte bestehen aus dem bereits erwähnten Kevlar- oder Baumwollgewebe o.ä. und werden als Bänder angeboten. Für das Fertigen einer Fackel wird ein Band mit einer Länge von etwa 20 cm und einer Breite von etwa 4-5 cm benötigt. Das Band wird am Kopf der Fackel aufgewikkelt und mit Baumwollzwirn umwickelt. Die Abmessungen des Dochtes entsprechen dann in etwa den Abmessungen, die für die Wattewicklung angegeben wurde.

Fackeln solcher Art (vgl. auch die Abbildung) sind beim Autor erhältlich.

Die Fackeln mit Dochtband sollten aber nicht unbedingt zum Üben eingesetzt werden. Dafür ist diese Fakkelart zwar ebenfalls geeignet, aber das Material ist sehr kostspielig, und der Materialverbrauch bei mehrmaliger Variation der Dochtdicke würde höhere Kosten mit sich bringen.

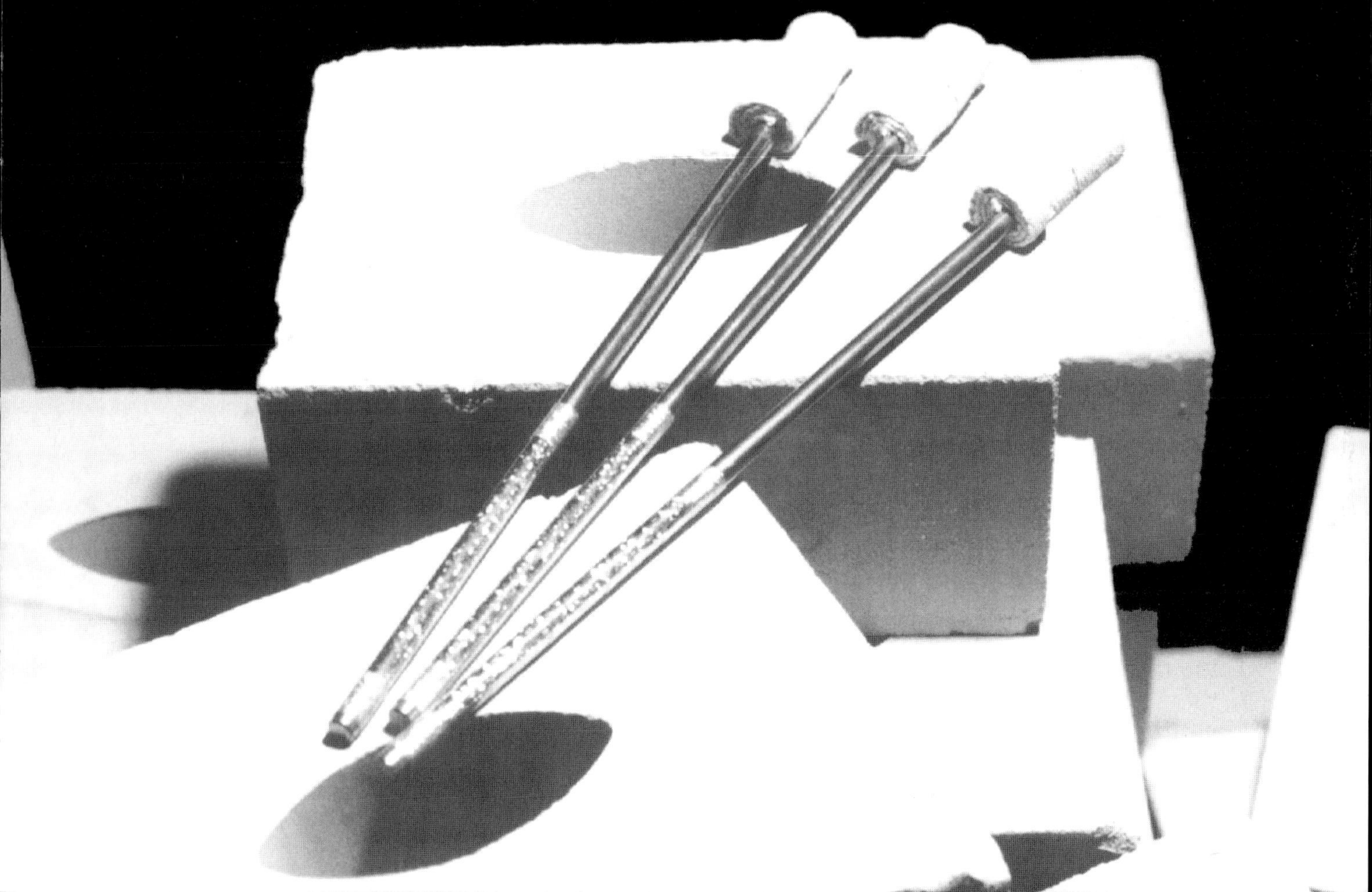

Watte und Kevlar:
Watte ist ein Verbandmaterial, welches meist zu hundert Prozent aus Viskose (synthetisches Produkt) besteht. Viskose hat hervorragende Saugeigenschaften, ist allerdings nicht feuerbeständig.

Kevlar ist ein synthetisch hergestelltes Material, welches sowohl beim Drachenbau als auch beim Bau von Jonglierfackeln Verwendung findet. Die beiden wichtigsten Eigenschaften des Kevlar-Materials sind Zugfestigkeit (Drachenschnüre) und Saugfähigkeit (Fackeln). Der Vorteil von Kevlar im Gegensatz zur herkömmlichen Watte ist die größere Widerstandsfähigkeit gegenüber Feuer.

Anzumerken bleibt noch, daß eine Abnutzung der Wattewicklung erst nach mehrmaligem Gebrauch stattfindet. Meist verkohlt das Watteknäuel am unteren Ende sowie an der Spitze. Da diese Auswirkung einen unangenehmen Geschmack verursacht, ist es ratsam, die Fackel vor jedem Auftritt neu zu wickeln. Dies bedeutet natürlich Mehrarbeit, aber andererseits ist so sichergestellt, daß die Fackel immer optimal präpariert ist. Auftretende Fehler, wie beispielsweise das Durchschmoren des Baumwollzwirns, werden dadurch umgangen.

Für eine Vorführung werden etwa drei Fackeln benötigt, aber es ist empfehlenswert, einige Reservefackeln zu haben.

2. Fackelflüssigkeit

Da die Watte einer Fackel nicht ohne ein Brennmittel entflammt werden kann, ist eine Fackelflüssigkeit notwendig. Sehr gut geeignet für das Feuerschlucken ist Wund- oder Waschbenzin, welches man in jeder Apotheke sehr preiswert erwerben kann. Selbstverständlich gibt es auch Produkte, die unter dem Namen »Fackelflüssigkeit für Feuerschlucker« angeboten werden. Diese Flüssigkeit verdunstet nicht so schnell wie Benzin und ist von weniger scharfem Geruch.

Die chemische Zusammensetzung der angebotenen Fackelflüssigkeiten ist meist anders als die von Benzin. Doch machmal verbirgt sich hinter dem Namen Fakkelflüssigkeit lediglich eine Benzin- oder Acetonähnliche Substanz. Beim Kauf sei also Vorsicht geboten, denn nicht immer bringt ein hoher Preis Qualität mit sich.

Für den Anfang kann Benzin vollkommen ausreichen. Mit Benzin kann die gleiche Wirkung erzielt werden wie mit Fackelflüssigkeit, wenn einmal von der ständigen Verdunstung abgesehen wird.

Achtung! Das Benzin ist leicht brennbar und sollte äußerst sorgsam gehandhabt werden. Sollte etwas Benzin unbeabsichtigt verschüttet werden, so findet recht schnell ein Verdunstungsvorgang statt. Trotzdem ist allerhöchste Vorsicht geboten! Aufkommende Panik oder Hektik kann schlimme Konsequenzen haben.

Ist eine größere Menge auf die Kleidung gelangt, dann sollte das Risiko einer Entzündung unbedingt umgangen werden, indem das Kleidungsstück abgelegt wird. Einige

Minuten später wird das Bezin vollständig verdunstet sein und keine Gefahr mehr darstellen. Wird ETWAS Benzin auf den Boden verschüttet, so ist das meist nicht weiter tragisch. Vorausgesetzt sei allerdings, daß der Verursacher seine Materialien (samt Feuerquelle und Fackeln) um ein oder zwei Meter wegrückt.

3. Feuerquelle

Damit nicht ständig bei der Vorführung oder auch beim Einüben der Feuerschlucktechnik mit einem Feuerzeug hantiert werden muß, sollte eine stetige Feuerquelle benutzt werden. Dies könnte beispielsweise ein Grablicht sein, weil es über einen idealen Windschutz verfügt.

4. Tränkgefäß

Während einer Vorführung oder während des Übens muß die Fackel häufig in Wundbenzin getränkt werden, da das Benzin verbrennt oder verdunstet. In ein Gefäß (aus Ton, Porzellan, Glas oder Metall) wird soviel Benzin gegossen, daß das Watteknäuel der Fackel (fast) komplett eingetaucht werden kann. Es eignen sich zum Üben besonders Tassen und Becher. Entscheidend ist nur, daß es sich um ein recht schlankes Gefäß handelt, damit die Oberfläche des an der Luft verdunstenden Benzins möglichst klein bleibt. Der Phantasie bei der Auswahl eines solchen Gefäßes sind hierbei kaum Grenzen gesetzt.

Eine andere Möglichkeit ist natürlich, ein leicht verschließbares Gefäß zu verwenden. So kann die Benzinverdunstung erheblich reduziert werden. Die Handhabung damit muß jedoch ausprobiert werden. Jeder hat seine eigenen Ansichten, wenn es darum geht, Benzin zu sparen oder lieber ungehindert seine Fackel zu tränken.

5. Brandsalbe

Da es sich beim Feuerschlucken um einen äußerst heiklen Vorgang handelt, ist es absolut notwendig, Brandsalbe (oder Brandgel) zur Hand zu haben.

In der Lernphase kann es zu leicht angesengten Lippen kommen. Das muß aber nicht notwendigerweise sein. Wenn mit großer Vorsicht, ohne Leichtsinn und ohne Übermut vorgegangen wird, ist die Verletzungsart gering. Empfehlenswert ist insbesondere Brandgel, da dies zusätzlich noch über eine angenehme Kühlungsfunktion verfügt.

Sollte trotz aller Vorsichtsmaßnahmen der Fall einer Verbrennung auftreten, so muß nach allgemein bekannten Regeln gehandelt werden. Zuerst muß der verbrannte Körperteil ausreichend gekühlt werden. Wiederholtes Auftragen von Brandgel lindert dann eventuelle Schmerzen enorm und beschleunigt die Heilung um ein Vielfaches.

Je schneller mit dem Kühlen begonnen wird und je intensiver dies geschieht, desto schneller wird die Heilung vorangetrieben.

Selbstverständlich sollte bei Verbrennungen, Problemen, Schmerzen eigentlich immer ein Arzt aufgesucht werden.

Kurzübersicht: Materialien zum Feuerschlucken

- ➤ Fackeln (etwa 3 Stück)
- ➤ Fackelflüssigkeit
- ➤ Feuerquelle
- ➤ Tränkgefäß
- ➤ Brandsalbe

Zudem werden zum Erlernen und Einstudieren der Technik noch weitere Materialien benötigt. Diese sind aber nur in der Lernphase notwendig und werden bei der Vorführung nicht mehr gebraucht. Im siebenten Kapitel werden diese Materialien noch näher erläutert.

- ➤ Zahnstocher
- ➤ Minifackel

Materialien zum Feuerspucken

1. Fackeln

Die Fackeln, die zum Feuerspucken verwendet werden, unterscheiden sich eigentlich nicht von den weiter vorne bereits beschriebenen Fackeln. Sie werden nur nicht in den Mund genommen. Prinzipiell können alle möglichen Fackelarten zum Feuerspucken verwendet werden.

In der Vorführung ist es nicht sonderlich vorteilhaft, wenn auf zwei verschiedene Fackelarten zurückgegriffen wird. Ein Wechsel der Fackeln wirkt unprofessionell auf den Zuschauer, weil zu schnell ein Gedanke der Art »Aha! Das geht also nur mit diesen Fackeln!« aufkommen könnte. Außerdem kann der Vorführende schnell mit den Fackeln durcheinander kommen. Aus diesen Gründen empfiehlt es sich, der Einfachheit halber Feuerschluckfackeln zu verwenden.

2. Feuerspuck-Fluid

Im Fachhandel werden vielerlei Fluids unter dem oben angeführten Namen angeboten. Doch es gibt dabei erhebliche Qualitäts- und Preisunterschiede. Im letzten Kapitel werden einige Bezugsadressen genannt.

Im Prinzip kann mit Petroleum (erhältlich beispielsweise im Baumarkt) Feuerspucken betrieben werden. Hiervon sei ernsthaft abgeraten, da das Petroleum meist ungereinigt ist und deswegen Nachteile mit sich bringt:

Das Baumarkt-Petroleum schmeckt wirklich widerlich, und der Geschmack ist kaum aus der Mundhöhle zu bekommen. Der hohe Schmutz- und Ölanteil bringt nur eine sehr rußige Flamme hervor und ist SEHR gesundheitsgefährdend!

Gereinigtes (nicht gefärbtes und nicht parfümiertes) Petroleum eignet sich zwar, ist aber ebenfalls sehr gesundheitsgefährdend. Die gesundheitlich bedenklichen Anteile sind bei dem gereinigten Petroleum etwas reduziert, d.h. der Schmutz- und Ölanteil wird kleiner gehalten. Eine wirkliche Verbesserung gegenüber dem Baumarkt-Petroleum ist dieses Petroleum nicht. Darum ist es besser, die speziell für diesen Zweck angebotenen Fluids zu verwenden.

Die im Handel erhältlichen Fluids sind weniger gesundheitsgefährdend und von eher angenehmen Geschmack. Jedoch sind die Preise im Vergleich zu Petroleum höher.

Benzin

Es ist empfehlenswert, viele Fluids auszuprobieren. Welches Fluid das beste ist, ist letztlich eine individuelle Entscheidung.

Da eine Mundfüllung ungefähr 50-100 ml (je nach Mundraum-Anatomie und Routine des Feuerspuckers) entspricht, ist leicht zu errechnen, wieviel Fluid bei der Vorführung oder beim Üben verbraucht wird.

Rechenbeispiel:

Es kann davon ausgegangen werden, daß beim Einüben der Technik nicht mehr als zwanzig Versuche gemacht werden, da dies mit starker Konzentration und unter relativ großem Kraftaufwand geschieht. In einer Vorführung werden etwa zehn Mundfüllungen verbraucht. Daraus kann errechnet werden, daß kaum mehr als ein Liter beim Ausüben des Feuerspuckens (bei einer Vorführung oder bei einer Lernsitzung) benötigt wird. Dies sind natürlich nur angenäherte Erfahrungswerte, die individuell durchaus abweichen können.

Bei der Vorführung wird natürlich nicht mit der Originalflasche hantiert! Der Feuerspuck-Effekt sieht dadurch zu gekauft aus, und das eigentliche Können gerät sehr ins Hintertreffen. Auch eine Plastikflasche mit irgendwelchen Etiketten vermittelt dem Zuschauer ein wenig professionelles Bild.

Es empfiehlt sich, das Fluid in eine Flasche umzufüllen, die eine enge Öffnung besitzt. Dies könnte beispielsweise eine Wodkaflasche sein, was einen zusätzlichen Showeffekt verspricht. Die Flaschenöffnung sollte so klein sein, damit beim Umfüllen (die Bezeichnung Trinken wird hier absichtlich nicht verwendet) in den Mund nichts daneben geht.

3. Lappen

Immer wieder kommt es vor, daß beim Feuerspucken ein leichter Fluidfilm rund um den Mund und auf dem Kinn zu sehen ist. Da ein feucht glänzendes Feuerspuckerkinn eher abstoßend aussieht und das Gefühl auch nicht sehr angenehm ist, wird in der Regel ab und zu die Mundpartie sauber gewischt.

4. Brandsalbe

Beim Feuerspucken handelt es sich um ein wirklich gefährliches Vergnügen. Ein Umgang mit großen Flammen ist die Regel. Deshalb muß einfach zu dieser Vorsichtsmaßnahme geraten werden. Eine Verbrennung beim Feuerspucken ist aber bei richtiger Handhabung unwahrscheinlich.

Sollte es zu einer Verbrennung kommen, so gelten auch hier die bekannten Behandlungsmöglichkeiten. Zuerst muß der verbrannte oder angebrannte Körperteil gut gekühlt werden. Wenn es sich um eine kleinere Verbrennung handelt, sofort fließendes kaltes Wasser über die Wunde rinnen lassen. Danach wird wiederholt Brandsalbe aufgetragen. Die Erfahrung zeigt, daß ein ausgedehntes Kühlen schon erheblich zur Linderung beiträgt, die Heilung schneller vorangetrieben wird und so die Schmerzen schneller beendet sind.

Selbstverständlich ist mit Verbrennungen im Mundbereich nicht zu spaßen. Deshalb sollte, wie bereits erwähnt, im Zweifelsfalle ein Arzt aufgesucht werden.

Beim Feuerschlucken ist eine größere Verbrennungsgefahr gegeben. Warum dies der Fall ist, und welche Schutzmaßnahmen getroffen werden können, wurde bereits erläutert.

5. Feuerquelle

Eine stetige Feuerquelle ist von Vorteil, weil so der wiederholte Griff zum Feuerzeug entfallen kann. Dies gilt sowohl für die Vorführung als auch für die Lernphase. Empfehlenswert ist ein Grablicht, das über einen idealen Windschutz verfügt.

6. Fackelflüssigkeit

Beim Feuerspucken wird eine Fackelflüssigkeit benötigt, um die Fackel längere Zeit im brennenden Zustand zu benutzen. Es gibt Feuerspuck-Fluids, die auch als Fakkelflüssigkeit verwendet werden können.

Eine bequeme und etwas preiswertere Lösung ist gegeben, wenn beim Feuerspucken auch Benzin als Fackelflüssigkeit verwendet wird, da Feuerspuck-Fluid nicht billig ist. Wenn auf Benzin als Fackelflüssigkeit verzichtet und stattdessen Feuerspuck-Fluid verwendet wird, so geht ein gewisser Anteil des teueren Fluids an Stelle des Benzins verloren. Fluid kostet etwa 5-10 Euro je Liter; die geringen Benzinkosten sind da viel leichter zu tragen.

7. Tränkgefäß

Die Fackel kann am besten in ein Gefäß getaucht werden, das mit Fackelflüssigkeit gefüllt ist, um die Fackel für eine längere Dauer brennfähig zu machen.

8. Milch

Feuerspuck-Fluids haben wegen ihres Petroleumursprungs eine porenöffnende (bzw. -erweiternde) Wirkung im Mundraum. Dies verursacht eine intensivere Geschmackswahrnehmung und führt darüberhinaus zu einer Gesundheitsgefährdung. Da Milch durch den hohen Fettanteil eine porenschließende Wirkung hat, kann von vornherein dem Fluid-Nachgeschmack getrotzt werden, indem vor der Aufnahme des Fluids der Mund mit Milch durchgespült wird. Außerdem gelangt nicht soviel des gesundheitlich bedenklichen Anteils des Fluids an, in und durch die Poren im Mundraum.

Auch hier ist es ratsam, ein Gefäß mit kleiner Öffnung zu verwenden, damit nicht in der Aufregung Milch daneben geht. Denn wenn jemand mit Feuer die waghalsigsten Dinge vollbringt, so wirkt es doppelt komisch, wenn sich derjenige mit Milch bekleckert. Vielleicht sollte gar eine blickdichte Flasche gewählt werden, damit das Publikum den Inhalt nicht sieht.

9. Spucknapf

Mit Milch sollte nach Gutdünken gespült werden. Daraus folgt aber auch, daß unter Umständen zwischen zwei Feuerspuck-Vorgängen noch einmal der Mund ausgespült werden muß. Die Milch sollte nach Möglichkeit nicht geschluckt werden, da sich in ihr Fluidreste befinden. Diese sind, wie ja bereits erklärt, nicht zum Runterschlucken (sprich: Trinken) geeignet.

Nicht gerade fein sieht es aus, wenn dann die gespülte Milch durch die Gegend (auf den Boden oder in die Botanik) gespuckt wird. Also muß ein Spuckgefäß her. Die Wahl hierbei sei der eigenen Phantasie überlassen.

Zum Auffrischen:
Kurzübersicht: Materialien zum Feuerspucken
➤ 1. Fackeln
➤ 2. Feuerspuckfluid
➤ 3. Lappen
➤ 4. Brandsalbe
➤ 5. Feuerquelle
➤ 6. Fackelflüssigkeit
➤ 7. Tränkgefäß
➤ 8. Milch
➤ 9. Spucknapf

Anmerkung zur Kleiderwahl
Eine Kleidervorschrift gibt es zum Feuerspucken oder Feuerschlucken selbstverständlich nicht. Allerdings sollte jeder Feuerkünstler daran denken, daß weite Kleidungsstücke (Hemden, Tücher, Schals usw.) sehr schnell vom Wind in Flammenzonen gebracht werden könnten.

Gefahren

Der Umgang mit Feuer birgt viele Gefahren und Risiken. Da beim Feuerschlucken eine brennende Fackel in den Mund geführt wird, ist der Künstler dabei durch Verbrennungen gefährdet. Vielerlei Gefahren entstehen für den Künstler aber auch durch den Umgang und die Handhabung seiner Utensilien.

Auch der Feuerspucker ist gefährdet, sich Verbrennungen zuzuziehen. Allerdings sind die auftretenden Gefahren nicht so zahlreich und so groß, wie es beim Feuerschlucker der Fall ist.

Bei genügend Disziplin und Vorsicht kann das Risiko einer Verbrennung jedoch erheblich veringert werden. In den folgenden Abschnitten werden Gefahrenquellen genau erörtert, so daß gezielt Vorsicht angebracht werden kann.

Wind:

Der Wind ist der ärgste Feind aller Feuerspucker und aller Feuerschlucker!

Allerdings sind die Gefahren durch den Wind dabei unterschiedlich gewichtet. Deshalb werden im folgenden die Windgefahren getrennt aufgeschlüsselt und Tips zur Vorbeugung gegeben.

Die Vorführung des Feuerspuckers muß meist im Freien stattfinden, da die große Flammen- und Rußentwicklung in der Regel nicht für geschlossene Räume geeignet ist. Weil Feuerspucken und Feuerschlucken in der Vorführung meistens kombiniert werden, muß das Feuerschlucken oft ebenfalls im Freien stattfinden. Optimal hingegen wäre eine Feuerschluck-Darbietung in einem geschlossenen Raum, da dort das Windproblem vollkommen entfallen würde.

Wind und Feuerspucken

Ein Feuerspucker sollte möglichst immer versuchen, den Wind im Rücken zu behalten. Bläst er den Feuerball gegen die herrschende Windrichtung, so kann das schlimme Folgen für den Haaransatz haben. Eine laufend drehende und sich anderweitig verändernde Windrichtung muß genau beobachtet werden, so daß ein günstiger Moment abgepaßt werden kann. Optimal für den Feuerspucker ist natürlich vollkommene Windstille, die aber in den seltensten Fällen vorliegt. Ein Feuerspucker sollte sich jedoch nicht scheuen, bei zu starkem oder unberechenbarem Wind von seinem Vorhaben Abstand zu gewinnen. Übermut ist in diesem Fall nicht angebracht, denn schließlich geht es um die eigene Gesundheit. Zuschauer werden in der Regel immer einsichtig genug sein und genügend Verständnis mitbringen, die Gefahren für den Akteur zu sehen.

Podeste eignen sich nicht so sehr für das Feuerspucken, da eine erhobene Fläche windanfälliger ist. Eine Ausnahme ergibt sich selbstverständlich, wenn das Podest windgeschützt ist. Allerdings fehlt bei einem Podest die Nähe und der unmittelbare Kontakt zu den Zuschauern. Durch die große Hitzeentwicklung wird der Zuschauer richtiggehend mit in das Geschehen einbezogen. Diese Art der Atmosphäre würde mit einem Podest verloren gehen.

Hoffentlich ist deutlich geworden, daß es zwar ideale Bedingungen gibt, diese aber nicht allzu häufig anzutreffen sind. Der Feuerspucker muß also immer auf nicht optimale Bedingungen vorbereitet sein, d.h. er muß mit ihnen umzugehen wissen.

Jedem bleibt es selbst überlassen, mit oder ohne Risiko zu arbeiten. Allerdings stellt sich mit einiger Routine ein besseres Gefühl für die jeweilige Situation ein.

Achtung! Dem Anfänger kann man nur äußerste Vorsicht anraten. Und wenn aus Fehlern lernen bedeutet (trial and error), daß starke Verbrennungen damit einhergehen, so sollte das englische Prinzip schleunigst vergessen werden.

Wind und Feuerschlucken

Beim Feuerschlucken muß die Vorsicht noch um ein Vielfaches gesteigert werden. Windbedingungen sind beim Feuerschlucken in den wenigsten Fällen noch akzeptabel, während sie beim Feuerspucken noch zu tolerieren sind.

Wird die Flamme an das Gesicht heran oder gar zum Mund geführt, dann sorgt die kleinste Windböe schon für Aufregung, da sich der Akteur verbrennen könnte. Darum sollte auch hier der Akteur möglichst mit dem Rücken zum Wind stehen. Seiten- sowie Gegenwind können die Flamme der Fackel auf Mund-, Nasen- und Kinnbereich bringen. Verbrennungen sind dann oft die Folge.

Optimal ist beim Feuerschlucken die vollkommene Windruhe, die zumindest in Räumen (hohe Decken!) sowie auf windgeschützten Flächen im Freien herrscht.

In der Lernphase ist es bestimmt nicht immer einsichtig, daß der Wind eine so große Rolle spielt. Die Fackel wird recht schnell in den Mund geführt und gelöscht. Doch nach einiger Zeit und mit einiger Routine werden die Bewegungen langsamer und neue Spielereien von Mund und Fackel kommen hinzu. Je langsamer die Bewegungen werden, desto mehr Zeit bleibt dem Wind, die Fackelflamme zu Verbrennungen zu bewegen.

Achtung! Die ersten Feuerschluckversuche sollten unbedingt bei windstillen Bedingungen unternommen werden.

Übermut und Leichtsinn

Oft kann es passieren, daß sich ein Feuerspucker oder ein Feuerschlucker durch den Zwang in einer Gruppe gefordert fühlt. Hier gilt es, unbedingt einen kühlen Kopf zu bewahren und sich nicht drängen zu lassen.

Der reichliche Genuß von Alkohol (selbstverständlich auch sämtlicher anderer Rauschmittel) führt zu einer Beeinträchtigung oder dem Verlust des Koordinationsvermögens sowie der Selbstbeherrschung, was beim Umgang mit Feuer in der hier behandelten speziellen Form lebensgefährlich sein kann. Reaktion und Motorik sind gestört, die Risikobereitschaft ist erhöht, und so können kleine Fehler große Verletzungen verursachen.

Profilierungszwang führt oft zu Leichtsinn. Darum sollte stets darauf geachtet werden, daß nicht die Kontrolle resp. über sich selbst verloren geht.

Verschlucken von Feuerspuck-Fluid

Das Herunterschlucken von Feuerspuck-Fluid muß auf jeden Fall verhindert werden! Inwieweit die einzelnen Fluids gesundheitsbedenklich sind, und inwiefern Möglichkeiten der Behandlung bestehen, darüber geben in der Regel die Herstellerhinweise Auskunft.

Kleckern mit Benzin

Wie bereits erwähnt wurde, ist das Verschütten von Benzin nicht allzu tragisch, da es recht schnell verdunstet. Sollte aber etwas dieser Flüssigkeit auf Kleidung (insbesondere auf Ärmel oder Brust) tropfen, so ist äußerste Vorsicht angesagt. Wund- oder Waschbenzin ist leicht entzündlich!

Entweder wird vorsichtig, und ohne weitere Handhabung brennender Fackeln, abgewartet, bis das Benzin vollständig verdunstet ist, oder die Kleidungsstücke werden gewechselt, wenn sehr viel Benzin verschüttet worden ist.

Hitzeentwicklung am Fackelschaft

Wenn beim Feuerschlucken mit mehreren Fackeln gleichzeitig hantiert wird, so ist es unbedingt nötig, die Fackeln abwechselnd im Mund zu löschen. Wird eine Fackel längere Zeit unbeachtet brennend in der nicht aktiven Hand gehalten, so heizt sich der Fackelschaft in der Nähe der Flamme enorm auf, sofern es sich um einen Metallschaft handelt. Wenn diese Fackel dann im Mund gelöscht wird, so ist ein Lippenkontakt mit dem (heißen!) Fackelschaft oft nicht zu vermeiden. Das kann sehr schmerzhaft enden und zu Verbrennungen der Lippen führen. Aus diesem Grund muß ein Aufheizen des Fackelschaftes vermieden werden.

Anschmiegsame Zuschauer beim Feuerspucken

Diese Art von Zuschauern ist eigentlich bei jeder Vorführung vertreten. Häufig liegt es daran, daß die Zuschauer aus Unwissenheit das Risiko nicht einschätzen können. Ein weiterer Grund liegt bei dem Bestreben der Zuschauer, alles hautnah erleben zu wollen. Wenn beim ersten Spucken sorgsam darauf geachtet wird, daß die Zuschauer ungefährdet bleiben, so ist das Problem schnell beseitigt. Denn die immense Hitzeentwicklung des Feuerballs verursacht bei den Zuschauern von ganz alleine eine Flucht nach hinten.

Behaarung

Die Gesichtsbehaarung bei den männlichen Feuerspukkern und Feuerschluckern sowie die Kopfbehaarung bei männlichen und weiblichen sind sehr gefährdet beim Umgang mit Feuer.

Für Langhaarige ist es ratsam, die Haarpracht zu bändigen. Bei Bärtigen ergeben sich allerdings Probleme. Wer die Techniken bereits gut beherrscht, der dürfte keine Probleme bekommen. Jedoch sieht das bei Anfängern ganz anders aus. Hier muß jeder selbst abwägen, ob das Risiko zu meistern ist.

Verschlucken der Flamme

Es soll schon Fälle gegeben haben, bei denen Feuerspukkern Feuer in die Atemwege gelangt ist. Daß dies natürlich verheerend ist, muß nicht extra betont werden. Wer auf Menschenpyramiden stehend oder im Sprung Feuerspukken möchte, der sollte sich sehr vorsehen. Künstler, die solche Tricks beherrschen, blicken oft auf Jahrzehnte langer Praxis zurück.

Am sichersten ist natürlich, einen festen Untergrund zum Feuerspucken zu haben.

Selbstverständlich kann nicht auf alle Gefahren aufmerksam gemacht werden. Es ist durchaus möglich, daß sich individuell verschiedene Gefahren auftun.

Noch einmal in Kurzform:

Gefahren für den Feuerspucker
- ➤ Wind
- ➤ Übermut und Leichtsinn (Alkohol etc.)
- ➤ Verschlucken von Feuerspuckfluid
- ➤ Kleckern mit Fackelflüssigkeit
- ➤ Anschmiegsame Zuschauer
- ➤ Behaarung
- ➤ Verschlucken der Flamme

Gefahren für den Feuerschlucker
- ➤ Wind
- ➤ Übermut und Leichtsinn (Alkohol etc.)
- ➤ Kleckern mit Fackelflüssigkeit
- ➤ Hitzeentwicklung am Fackelschaft
- ➤ Behaarung
- ➤ Verschlucken der Flamme

Feuerspucken

Feuerspucken gehört mit zu den faszinierendsten Bereichen der Kleinkunst. Nicht zuletzt wegen der scheinbar ständigen Gefahr und des Nervenkitzels ist die Auswirkung auf die Zuschauer enorm. Während Erwachsene eher beeindruckt und staunend dem Feuerspucker gegenüber stehen, kann es vorkommen, daß Kinder in wahre Begeisterungsstürme ausbrechen. Kinder sind noch in der Lage, vollkommen ungehemmt Begeisterung und Faszination zu zeigen. Manche allerdings nehmen auch die Beine in die Hand, weil ihnen die Situation zu beängstigend erscheint.

In diesem Kapitel wird versucht, das Geheimnis Feuerspucken zu lüften. Dem besseren Verständnis zuliebe, wird erst einmal die genaue Technik beschrieben und erklärt. Dies geschieht der Übersichtlichkeit halber in mehreren Phasen.

Im weiteren wird ein langer Abschnitt dem Erlernen und Einstudieren gewidmet. In der Kurzanleitung kann das Wissen mit wenigen Blicken aufgefrischt werden, wenn Unklarheiten bestehen.

Feuerspucken:
Beim Feuerspucken wird aus dem Mund Flüssigkeit in eine offene Flamme gesprüht, die sich dann entzündet.

Der Ablauf und die Technik

Phase I
Bevor überhaupt mit dem Feuerspucken begonnen wird, werden alle Utensilien bereitgestellt. Beim Ausüben oder Erlernen der Technik ist es sehr hilfreich, wenn alle Utensilien sofort verfügbar sind.

Phase II
Vor dem Feuerspucken wird der Mund mit Milch gespült. Anfänglich kann dies vor jedem Versuch gemacht werden, später nur noch, wenn es nötig erscheint.

Es wird dafür gesorgt, daß eine brennende Fackel zur Hand ist. Denn wenn diese erst später entzündet oder aufgenommen wird, ist das sehr lästig.

Phase III
Jetzt wird der Mund mit Feuerspuck-Fluid gefüllt – so voll, wie es eben geht. Zudem wird kräftig und tief durch die Nase eingeatmet. Das Einatmen muß in einem Zug und möglichst gleichmäßig erfolgen. Es wird so viel Luft eingeatmet wie möglich, damit nicht mitten in der vierten Phase die Puste ausgeht. Je tiefer eingeatmet wird, desto größere Feuerbälle lassen sich erzielen.

Wichtig ist es, sich so zu plazieren, daß der Wind aus rückwärtiger Richtung kommt (vgl. hierzu auch Abschnitt »Wind« im vierten Kapitel).

Phase IV
Das Fluid wird durch die Lippen nach vorne gepreßt. Die Lippen sind dabei starr, strichförmig aufeinander gedrückt und leicht nach innen eingerollt. Die Körperhaltung ist aufrecht und angespannt. Das Fluid muß mit einer gewaltigen Wucht ausgestoßen werden, um eine große Flammenwirkung zu erzielen. Durch die Düsenwirkung der Lippen gelangt das Fluid sprühnebelartig nach außen.

Die Körperhaltung und -spannung kann in etwa mit der beim »Kirschkernweitspucken« verglichen werden. Das Hervorschnellen, um den Kirschkern weit nach vorne zu befördern, wird in ähnlicher Weise beim Feuerspucken praktiziert. Verfügt der Akteur aber später über einige Erfahrung, so wird das Hervorschnellen des Oberkörpers weniger werden und von der kontrollierten Spucktechnik kompensiert. Das bedeutet, daß bei guter Spucktechnik auf eine sehr starke Oberkörperbewegung verzichtet werden kann.

Die Fackel wird vor dem Beginn des Ausstoßens in etwa 30-50 cm Abstand zum Mund gehalten. Dabei sollte sie so tief gehalten werden, daß der Fluid-Sprühnebel nur in die Flamme gelangt und nicht auf den Fackelkopf, da sonst die Fackel erlöschen könnte. Der Fluidnebel, der sehr leicht entflammbar ist, gelangt so an die Flamme und entzündet sich. Wenn in diesem Moment die Fackel wegbewegt wird, kann sich der noch folgende, nicht entzündete Fluidnebel an dem bereits brennenden Anteil entflammen. Das ist vollkommen ausreichend und sieht auch wesentlich besser aus, als wenn die brennende Fackel mitten in den Feuerball gehalten wird. Im Prinzip findet eine Kettenreaktion statt, bei der der Fluidnebel komplett verbrennt. Ist der Sprühvorgang stetig und von längerer Dauer (ungefähr 2 Sek.), so entwickelt sich ein schön anzusehender Feuerball.

Kurzanleitung Feuerspucken

- Mund mit Milch spülen
- Brennende Fackel griffbereit halten
- Fluid in den Mund aufnehmen
- Rücken zum Wind
- Tief einatmen und Körper anspannen
- Fluid in die Flamme sprühen
- Fackel nach unten bewegen

Feuerspucken lernen

Um die Technik des Feuerspuckens zu erlernen, ist es am sinnvollsten, sich Schritt für Schritt an den eigentlichen Effekt heranzuarbeiten.

Begonnen wird zunächst mit einigen Trockenübungen. Werden diese gut beherrscht, so kann das eigentliche Feuerspucken geübt werden. Zuerst werden kleine Feuerbälle produziert, und nach einiger Übung kann der Umfang der Feuerbälle vergrößert werden. In den folgenden Abschnitten wird genau erklärt, wie das Erlernen gestaltet werden kann.

Erster Schritt – Die Trockenübungen

Zuerst einmal muß die Sprühtechnik erlernt werden. Es ist allerdings nicht sehr günstig, wenn dies direkt mit Fluid versucht wird. Mit Wasser kann die Technik jedoch hervorragend ausprobiert werden.

Empfehlenswert ist es beispielsweise, während des Duschens die Sprühtechnik zu üben. Der Mund wird hierzu reichlich mit Wasser gefüllt, und nach kräftigem Einatmen durch die Nase wird das Wasser durch die Lippen nach vorne gepreßt. Die Lippen sind dabei starr, strichförmig aufeinander gedrückt und leicht nach innen eingerollt. Durch die Düsenwirkung der Lippen gelangt das Wasser in Form von Sprühnebel nach draußen.

Durch Veränderung der Lippenhaltung kann die Konsistenz dieses Sprühnebels beeinflußt werden. Wird der Lippenspalt kleiner, so ist zwar der Nebel feiner, aber es wird auch mehr Energie (Puste) benötigt, um Wasser aus dem Mund zu pusten. Wird hingegen der Lippenspalt vergrößert, so wird weniger Puste benötigt, und der Nebel ist etwas gröber. Durch viele Versuche muß hier der optimale Mittelweg gefunden werden. Zu beachten ist allerdings noch, daß der Sprühvorgang von möglichst langer Dauer sein sollte und gleichmäßig abläuft. Ein kurzes Ausstoßen des Wassers (bzw. des Fluids im nächsten Schritt) führt zu keinem brauchbaren Ergebnis.

Anfänglich werden bestimmt Probleme mit der Richtung des ausgestoßenen Wassers auftauchen. Oft steigt die Wasserfontäne an der Nase vorbei in Richtung Badezimmerdecke oder am Kinn vorbei in Richtung Duschwanne. Optimal und wünschenswert für das Feuerspucken ist es, wenn der Sprühnebel vom Gesicht geradeaus weggepustet wird. Durch leichtes Versetzen der Lippen zueinander läßt sich dieses Problem leicht in den Griff bekommen. Ob die Sprührichtung stimmt, kann mit vorgehaltener Hand ertastet werden. Zudem gibt auch die Nässe von Mund, Kinn und Nase über Lernerfolge Aufschluß.

Zu bemerken ist noch, daß es keine allgemeingültige Feuerspuck-Technik gibt. Jeder Feuerspucker hat seine individuelle Art, das Fluid zu spucken; zudem wird wahrscheinlich jeder seine Technik anders beschreiben. Das bedeutet aber auch, daß der Lernwillige die oben gelieferte Beschreibung so festigt und ausbaut, damit sie für ihn genau passend wird.

Zweiter Schritt – Übungen mit echtem Fluid

Wenn der Sprühvorgang gut beherrscht wird, dann kann mit Fluid gearbeitet werden. Vorbereitend wird eine brennende Fackel zur Hand genommen und eine kleine Menge Fluid in den Mund genommen. Dies sollte in etwa eine halbe Mundfüllung sein. Am Anfang ist es schwierig, den Geschmack zu ignorieren und gegen den Schluckreiz anzukämpfen. Nach einiger Zeit wird sich allerdings ein Gefühl für das im Mund befindliche Fluid einstellen. Es sei daran erinnert, den Mund mit Milch auszuspülen (vgl. auch viertes Kapitel).

Nun können die ersten Versuche unternommen werden, Feuer zu spucken.

Mit der im ersten Schritt erlangten Technik kann das Feuerspucken jetzt ausgeübt werden. Dabei muß vollkommen ungeachtet des Fluids verfahren werden. Das Fluid wird über den Fackelkopf in die Flamme gesprüht, woraufhin sich der Fluidnebel plötzlich entzündet. Sicherlich wird die enorme Hitzeentwicklung des Feuerballs bei den ersten Spuckvorgängen beeindrucken. Doch auch hierfür wird sich nach einiger Zeit ein Gefühl einstellen und die Hitzeentwicklung wird gar nicht mehr weiter beachtet.

Wichtig ist, daß der Sprühvorgang nicht vor lauter Staunen und Überraschung in der Mitte abgebrochen wird. Es sei versichert, daß es einen Rückschlag der Flamme nicht geben kann, wenn der Mund wie eine Düse benutzt und das Fluid kräftig nach vorne gestoßen wird. Das Fluid ist nur im zerstäubten (oder verdampften) Zustand brennbar. D.h. auch wenn eine Restmenge des Fluids im Mund verbleibt, so kann es keine Rückschläge des Feuerballs geben!

Achtung! Der Feuerball ist sehr hell. Bei den ersten Spuckversuchen sollte sich der Feuerspucker darauf einstellen. Sinnvoll ist beispielsweise, sich bei den ersten Versuchen eine Sonnenbrille aufzusetzen. Denn dann kann die Form, Größe und Richtung des Feuerballs gut beobachtet werden.

Dritter Schritt – Steigerung bis zum Maximum

Sind einige Feuerbälle produziert worden, kann langsam damit begonnen werden, die Fluidmenge im Mund zu maximieren. Dies muß peu à peu ablaufen.

Nebenbei kann versucht werden, die Fackel nach dem Entzünden des Feuerballs nach unten wegzubewegen. (Vgl. auch Der Ablauf und die Technik, Phase IV.) Dies gestaltet sich anfänglich als gar nicht so einfach, doch mit der Zeit wird auch dieses Detail funktionieren.

Feinheiten in der Technik

Fackel wegführen

Es sieht nicht gut aus, wenn die Fackel während des ganzen Sprühvorgangs mitten im Feuerball steht. Darum ist es notwendig, dies so schnell wie möglich zu beseitigen. Mit einiger Übung ist das kein Problem.

Mehrmaliges Spucken mit einer Mundfüllung

Das mehrfache Spucken mit einer Mundfüllung ist im Grunde nicht viel schwieriger als einmaliges Spucken. Lediglich das Gefühl für die richtige Mengeneinteilung pro Feuerball muß durch Ausprobieren erlangt werden. Sind drei aufeinander folgende Feuerbälle geplant, so muß der Mund wirklich maximal mit Fluid gefüllt werden. Doch dies ist mit einiger Übung machbar.

Es sei auf den Schluckreflex zu achten! Wenn der Mund maximal mit einer Flüssigkeit gefüllt ist, tritt sofort der sogenannte Schluckreflex auf. Das bedeutet, daß der Akteur das Gefühl bekommt, unbedingt Schlucken zu müssen. Wenn der Akteur allerdings darauf vorbereitet ist, kann er das Schluckgefühl unterbinden.

Besonders professionell sieht es aus, wenn die Fackel nach jeder Feuerball-Entflammung aus dem Gesichtsbereich entfernt wird.

Feuerspucken nach oben

Schön wirkt es, wenn der Feuerball über dem Feuerspukker in die Lüfte steigt. Hierzu muß beim Spucken eine Stellung mit einer leichten rückwärtigen Neigung eingenommen werden. Dies ist nicht ganz so einfach, weil die Versuchung, das Fluid zu schlucken, sehr groß wird. Zudem ist es schwierig, dem Fluid die erforderliche Wucht nach oben mitzugeben, wenn es ausgestoßen wird.

Dieser Effekt sollte nur ausprobiert bzw. vorgeführt werden, wenn es keine Probleme bereitet, das Fluid vollkommen in Sprühnebelform auszustoßen. Ist dies nicht möglich, wird dieser Effekt zu einer sehr feuchten Angelegenheit für den Feuerspucker.

Symmetrie beim Feuerspucken

Der folgender Effekt ist etwas für das Auge und birgt keine Schwierigkeiten. Es wird in jeder Hand eine Fackel gehalten. Der Ablauf des Feuerspuckens unterscheidet sich nicht sonderlich von dem bereits beschriebenen. Beide Fackeln werden sozusagen als eine Fackel zum Entzünden des Fluidnebels verwendet und gleichzeitig mit ausgestreckten Armen nach unten bewegt. Dieser Effekt ist sehr publikumswirksam.

Feuerspucken durch die Beine

Diese Art des Feuerspuckens ist sehr ungewöhnlich und wird in der Regel vom Publikum mit Staunen registriert. Um diesen Trick auszuführen, muß der Feuerspucker in der Lage sein, etwaige Schluckreflexe, die durch die Kopfüberhaltung entstehen, zu ignorieren. Auch hierbei füllt der Akteur seinen Mund mit der maximal möglichen Menge Fluid und beugt sich (nachdem er tief durch die Nase eingeatmet hat) mit dem Oberkörper so nach vorne, daß er mit dem Kopf in den Bereich der Knie kommt. Durch die geöffneten Beine kann er das Fluid kontrolliert (in horizontaler Richtung) ausstoßen.

Die brennende Fackel wird am besten hinter dem Körper heruntergeführt, so daß sich der Fackelkopf in Kniehöhe befindet. Ist der Fluidnebel entzündet, kann die Fackel zur Seite bewegt werden.

Unbedingt erwähnt werden muß allerdings noch, daß sich bei dieser Technik eine immense Hitze im Gesäß- und Beinbereich entwickelt. So kann es beispielsweise passieren, daß der Feuerball, in dem Bestreben, in die Lüfte zu steigen, über den Hosenstoff streift.

Achtung! Dieser Trick darf nicht mit kurzer Hose (Rock o.ä.) durchgeführt werden!

Feuerspucken mit Bärlappsamen

Feuerspucken kann auch mit Bärlappsamen (Lycopodium) betrieben werden. Lycopodium besteht aus Sporen verschiedener Bärlapparten, die ein feines, leichtes, geschmacks- und geruchsneutrales Pulver bilden.

Die Verwendung von Lycopodium ist gesünder als die Verwendung eines Fluids. Während dem Fluid ein Eindringen in die Poren der Mundschleimhaut möglich ist, bleibt es den Sporen des Lycopodiums verwehrt.

Lycopodium gilt bis dato als einziges ungiftiges Mittel, das zum Feuerspucken verwendet werden kann.

Der Ablauf des Feuerspuckens mit Lycopodium verläuft adäquat zum bereits erläuterten Spucken mit Fluid. Wenn das Pulver aus dem Mund in eine offene Flamme geblasen wird, findet eine augenblickliche Verbrennung statt, die für einen schön anzusehenden Feuerball sorgt. Voraussetzung ist allerdings eine feine Zerstäubung des Pulvers beim Ausstoßen aus dem Mund. Dies ist nicht so einfach und macht einige Übung erforderlich.

Lycopodium wird von einigen Feuerspuckern ohne zusätzliche Vorkehrungen aus dem Mund gestoßen, andere benutzen als Hilfestellung ein kleines Röhrchen, das zwischen die Lippen genommen wird. Damit kann das Anfeuchten des Pulvers durch die unweigerlich eintretende Speichelbildung im Mund umgangen werden. Das Resultat dieser Anfeuchtung ist eine Verklumpung des Pulvers im Mundraum. Im verklumpten Zustand kann das Pulver dann nicht mehr so gut zerstäubt werden.

Es gibt zwei Möglichkeiten, dieses kleine Röhrchen herzustellen. Zum einen kann die Hülle eines Filzstiftes zweckentfremdet werden. Zum anderen kann aber auch aus Pappe o.ä. ein kleines Röhrchen von etwa gleicher Dimension gebastelt werden. Durchmesser und Länge müssen durch Ausprobieren gefunden werden.

Damit das Lycopodium nicht mit dem Speichel in Kontakt kommt, ist es ratsam, eine Papierkugel (oder besser: Seidenpapierkugel) in das entsprechende Ende des Röhrchens zu geben. Wird durch das Röhrchen gepustet, schiebt die Papierkugel das Pulver heraus.

Lycopodium ist in vielen Apotheken (nicht alle verkaufen Lycopodium an Feuerspucker) erhältlich. Außerdem gibt es einige Kleinkunsthändler, die es anbieten.

Zum Üben kann übrigens ganz ausgezeichnet Mehl verwendet werden. Für den Zerstäubungseffekt ist es ausreichend, und preiswert ist es im Gegensatz zu Lycopodium auch.

Erwärmen des Fluids vor dem Gebrauch

Soll bei kühler Witterung Feuerspucken betrieben werden, so taucht ein Problem auf. Wenn das Fluid die kühle Umgebungstemperatur angenommen hat, dann kann keine optimale Verbrennung erreicht werden. Welche Gründe dies im einzelnen hat, wird im achten Kapitel (Chemische Betrachtungen) näher erläutert.

Um jedoch trotz einer kühlen Witterung eine optimale Verbrennung zu erreichen, kann das Fluid vor Gebrauch erwärmt werden. Dies wird erreicht, indem der Fluidbehälter einige Zeit in einen Eimer (o.ä.) mit heißem Wasser gestellt wird. Die notwendige Erwärmungsdauer und die resultierende Temperatur des Fluids muß durch Ausprobieren gefunden werden. Empfehlenswert ist eine Temperatur, bei der sich das Fluid im Mund noch nicht heiß anfühlt.

Dieser kleine Trick hat bei kühlen Umgebungstemperaturen eine enorme Auswirkung.

Feuerschlucken

Das Feuerschlucken gehört, ebenso wie das Feuerspukken, zu den sehr faszinierenden Bereichen der Kleinkunst. Hierbei sind ebenfalls ständig Spannung, Gefahr und Nervenkitzel präsent. In geradezu idealer Weise lassen sich Feuerspucken und Feuerschlucken kombinieren, so daß eine enorme Publikumswirksamkeit fast die Regel ist.

Feuerschlucken beeindruckt vor allem durch den direkten Kontakt von Mensch und Feuer, welcher auch schon in alten Überlieferungen ehrfurchtsvoll bestaunt wurde. Für einen, wenn auch sehr kleinen Moment, ist der Mensch in der Lage, sich einer der Urgewalten zu bemächtigen, sie zu beherrschen. Der anerzogenen und erworbenen Angst vor dem Feuer wird getrotzt, wenn der Feuerschlucker die brennende Fackel tief in seinen Mund taucht.

In diesem Kapitel wird genauestens die Technik des Feuerschluckens beschrieben und erklärt. Eine Einteilung des Ablaufes der Technik in mehrere Phasen trägt sicherlich zu einem besseren Verständnis bei. Weiterhin folgt eine Kurzanleitung, die für ein kurzes Auffrischen schnell zu Rate gezogen werden kann. Aber die Kurzanleitung darf nicht als Lehranleitung für Anfänger verstanden werden. Dieser sollte sich an dem Abschnitt »Feuerschlucken lernen« orientieren, in dem in mehreren Schritten erklärt wird, wie das Feuerschlucken erlernt werden kann.

Die Technik und der Ablauf

Phase I

Zum Erlernen der Technik ist es notwendig, daß möglichst optimale Windbedingungen vorliegen. Vielleicht sollte sogar erwogen werden, in einem Raum (mit hohen Decken) zu üben, damit überhaupt kein Wind stört. Der Lernende muß in den ersten Lernphasen die Möglichkeit haben, sich auf das Wesentliche zu konzentrieren, und zwar auf die genauen Bewegungsabläufe.

Bevor überhaupt mit der Ausführung oder dem Einstudieren der Feuerschluck-Technik begonnen wird, müssen erst einmal sämtliche Utensilien bereitgelegt werden. Fackeln, Wundbenzin, Feuerquelle, Lappen und Brandsalbe müssen erreichbar sein. Doch dies wird noch näher erläutert werden.

Phase II

Es muß sichergestellt sein, daß möglichst kein Wind (vgl. Phase I) die Ausübung der Feuerschluck-Technik behindert bzw. beeinflußt. Der Kopf wird hintenüber geneigt, so daß die brennende Fackel von oben in den geöffneten Mund eingetaucht werden kann. Die Fackel wird hierbei mit möglichst gestrecktem Arm in einem weiten Bogen zum Kopf geführt.

Phase III
Nun findet das eigentliche Löschen der Flamme statt, die keineswegs geschluckt wird, wie die Bezeichnung Feuerschlucken irrtümlicherweise Glauben macht.

Ein kleiner Trick hilft die Flamme zu löschen, ohne sich zu verbrennen:

In dem Moment, in dem die Flamme die Lippen passiert hat, wird ganz leicht gegen die Flamme gehaucht. Da die Angriffsfläche minimal ist, wird nicht allzuviel Luft benötigt, da genau auf den Fackelkopf gehaucht wird. Dieser Effekt läßt sich leicht nachvollziehen, indem ein Streichholz von oben, anstatt von der Breitseite, ausgeblasen (oder ausgehaucht) wird.

Das Aushauchen der Flamme läßt sich auch mit der lautlosen Artikulation (oder Formulierung) des Wortes HAB umschreiben. Dabei muß mit der Zeit der Luftstrom so minimiert werden, daß die Flamme gerade eben erlischt.

Phase IV
Nachdem die Flamme erloschen ist, werden die Lippen um den Fackelschaft herum geschlossen. Diese Geste täuscht visuell ein Löschen im Mund vor. Der Übergang von der dritten zur vierten Phase muß nahtlos erfolgen, damit der Zuschauer ein Schlucken der Flamme zu sehen bekommt. Erfolgt das Aushauchen der Flamme mit minimalem Luftstrom, ist das Schließen der Lippen zum richtigen Zeitpunkt erfolgt, und sind die Bewegungen der Fackel von flüssiger und geschmeidiger Art, dann kann der Trick vom Zuschauer nicht entdeckt werden.

Zum Schluß wird die erloschene Fackel langsam wieder aus dem Mund zurückgezogen.

Das Geheimnis:

Das eigentliche Feuerschlucken, d.h. der Löschvorgang der Fackelflamme, geschieht durch die Artikulation des Wortes HAB. Im Grunde kann das große Geheimnis um das Feuerschlucken auf diesen Vorgang zurückgeführt werden.

Kurzanleitung zum Feuerschlucken

- ➤ Windrichtung kontrollieren
- ➤ Kopf nach hinten neigen
- ➤ Brennende Fackel in geöffneten Mund führen
- ➤ Flamme aushauchen (Artikulation von HAB)
- ➤ Lippen um Fackelschaft schließen
- ➤ Gelöschte Fackel aus dem Mund führen

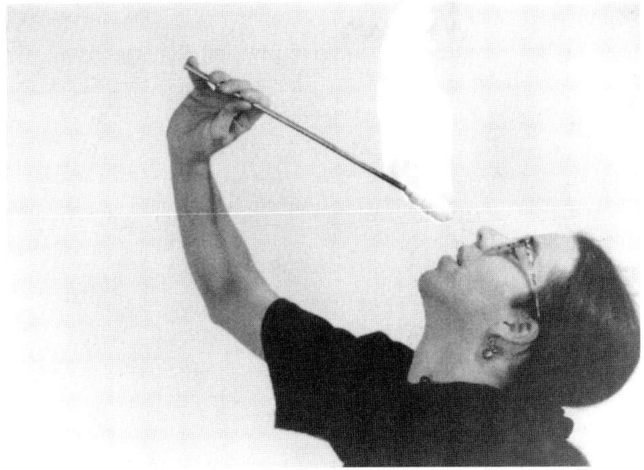

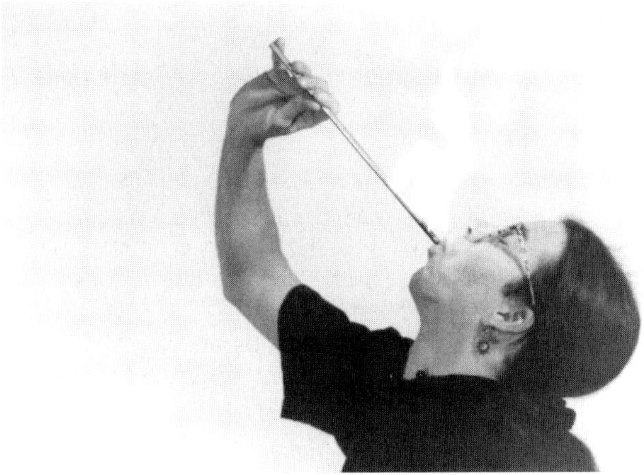

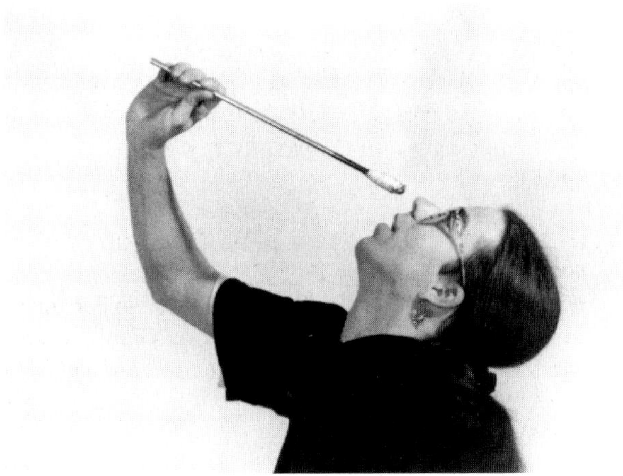

Bemerkungen:
Mit der Beschreibung der Technik ist sicher deutlich geworden, daß es sich beim Feuerschlucken um eine äußerst brisante Angelegenheit handelt. Punktgenaues Timing sowie absolute Kontrolle sind notwendig, um schmerzfrei und verschont von Verbrennungen davon zu kommen.

Unsicherheit und Übermut sind hier vollkommen fehl am Platze, und es kann nur davor gewarnt werden, die eigene Gesundheit zu riskieren. Die oben genannte Beschreibung ist nicht als Lernanleitung gedacht, sondern nur als Ablaufanleitung. Im weiteren wird eine Lernhilfe in mehreren Schritten gegeben.

Beim Feuerschlucken kommt es, wie bereits weiter oben erwähnt, vor allem auf flüssige und sichere Bewegungen an. Unsicherheit und schnelle Aktionen haben neben dem Verletzungsrisiko allerdings noch eine Begleiterscheinung: Sie lassen den Akteur sehr unprofessionell erscheinen, und der Zuschauer wird spürbare Unsicherheit sofort bemängeln.

Brandsalbe (oder Brandgel) sollte unbedingt beim Einstudieren bzw. Ausprobieren der Feuerschluck-Technik zur Hand sein. Verbrennungen sind möglich; sie treten auch bei Feuerschluckern mit einiger Erfahrung noch gelegentlich auf. Es kann beispielsweise vorkommen, daß sich die Lippen nach den ersten Versuchen ein wenig verbrannt anfühlen, auch wenn sie nicht unmittelbar verbrannt sind. Auftragen von Brandsalbe kühlt und lindert das unangenehme Gefühl erheblich. Gelegentlich sorgt auch das präventive (vorherige) Auftragen der Salbe auf den gesamten Mundbereich für mehr Sicherheit und weniger Probleme.

Tip:
Präventives (vorheriges) Auftragen von Brandgel hilft Gefahren zu mildern.

Sollte die Fackel aufgrund falscher oder nicht ausreichend angewandter Technik nicht erlöschen, so kann sie ohne Probleme wieder aus dem Mundbereich zurückgezogen werden. Meist ist die Zeit zu kurz, als daß dadurch Verbrennungen entstehen könnten.

Im Kapitel »Gefahren« wurde bereits vor der Erwärmung des Fackelschaftes gewarnt. Dies ist eine ernstzunehmende Gefahr, auf die hier erneut hingewiesen werden muß. Brennt die Fackel sehr lange, ohne zwischendurch gelöscht zu werden, so erhitzt sich der Schaft enorm. Da beim Feuerschlucken ein Lippenkontakt mit dem Fakkelschaft unterhalb des Watteknäuels unumgänglich ist, können (müssen aber nicht!) die Lippen schnell verbrannt werden. In der Regel bildet sich dann eine Brandblase auf der Lippe oder den Lippen, was nicht sonderlich angenehm ist.

Beim Einüben der Feuerschluck-Technik wird erst nach einigen anderen Schritten auf die eigentliche (große) Fakkel zurückgegriffen, und die Dicke des Watteknäuels wird vergrößert. Dann kann es vorkommen, daß die Fackel im Mund nicht gelöscht werden kann oder aus Panik wieder aus dem Mundbereich entfernt wird. Es muß auf alle Fälle daran gedacht werden, daß sich auch hier der Fakkelschaft stetig erwärmt.

Materialien zum Erlernen der Feuerschluck-Technik

Da beim Lernen und Ausprobieren des Feuerschluckens sehr viel Angst und Respekt vor großen Flammen besteht, wird am besten mit kleinen Flammen begonnen. Kleine Flammen resultieren aus einer Verkleinerung der Wattewicklung. Dann kann die Flammengröße immer mehr vergrößert werden, um mehr Gefühl und vor allem weniger Scheu vor der normalen Fackelflamme zu bekommen. Im folgenden werden noch einmal die Materialien genannt, die für das Erlernen des Feuerschluckens in mehreren Schritten erforderlich sind. In der Kurzübersicht »Materialien zum Feuerschlucken« wurden diese bereits aufgelistet.

Weitere Materialien zum Feuerschlucken

- Zahnstocher mit winziger Wattewicklung am Ende (oder Kosmetik-Stäbchen)
- Minifackel, bestehend aus einem dünnen Schaft (beispielsweise Schweißdraht) und einer kleinen Wattewicklung

Feuerschlucken lernen

Erster Schritt – Streichholz und Zahnstocher

Für den Anfang empfiehlt es sich in besonderer Weise, mit kleinen Flammen zu beginnen. In der Regel verbreitet es ein unangenehmes Gefühl, wenn eine Flamme in Gesichtsnähe gehalten wird. Kann die Flamme aus unmittelbarer Nähe gesehen werden, und ist deutlich die Wärmeabstrahlung der Flamme spürbar, so taucht plötzlich ein Angstgefühl auf. Dies kann durch mehrmaliges Wiederholen (und Gewöhnen an die Flamme) unter Kontrolle gebracht werden.

Zuerst wird versucht, ein Streichholz im Mund auszuhauchen. Sollte starke Angst vorhanden sein, dann müssen die Versuche oft wiederholt werden. Gelingt das schon ganz gut, und sind erste Ängste überwunden, so kann mit den Zahnstochern (siehe oben) fortgefahren werden.

Hier taucht erstmals eine generelle Frage auf: Ist es vernünftig, das Feuerschlucken zu erlernen, wenn starke Angstgefühle auftauchen? Die Antwort auf diese schwierige Frage muß jeder selbst finden. Wenn die Angst vor dem Feuer sehr groß ist, wird der Betroffene wahrscheinlich automatisch aufhören. Für Leute, die der Meinung sind, daß sie die Ehrfurcht vor der Flamme abbauen können, gilt: Langsam steigern und nichts überstürzen!

Nach der im Kapitel »Ausrüstung und Materialien« beschriebenen Technik wird ein kleines Watteknäuel auf die

Zahnstocherspitze gewickelt. Von der Fixierung durch einen Faden kann abgesehen werden, weil ein Zahnstocher nicht sehr oft verwendet werden kann.

Von der Dicke der Wattewicklung ist natürlich die Flammengröße abhängig. Durch Variation bzw. Steigerung der Dicke der Wattewicklung kann peu à peu der Umgang mit größer werdenden Flammen geübt werden. Dies gilt sowohl für die Zahnstocher- und Minifackel als auch für die normale Fackel.

Vorsicht! Das Holz könnte beginnen zu glimmen. Ein herabfallender, glimmender Span könnte so im Mund Verbrennungen verursachen. Also sollte ein Stäbchen nur wenige Male benutzt werden.

Zweiter Schritt – Minifackel

Wird das Löschen der größtmöglichen Zahnstocherflamme beherrscht, kann die Minifackel (siehe bei »Weitere Materialien...«) verwendet werden. Auch hier ist es ratsam, erst sehr dünne Wicklungen zu benutzen. Mit steigender Sicherheit und Routine können dann die Wattewicklungen vergrößert werden.

Bald wird selbst die Minifackel keine viel kleinere Flamme mehr aufweisen als die normale Fackel. Ist das Feuerschlucken der größten Flamme der Minifackel kein Problem mehr, so kann zum dritten Schritt übergegangen werden.

Dritter Schritt – Die große Fackel

Am Anfang des dritten Schrittes sollte eine dünne Wattewicklung (vgl. auch Zweiter Schritt) auf dem normalen Fackelschaft verwendet werden. Da sich inzwischen ein Gefühl für recht ansehnliche Flammengrößen eingestellt hat, ist die Steigerung zur normalen Fackel absehbar.

Besteht doch noch einige Skepsis gegenüber der Flammengröße der normalen Fackel, muß unbedingt wieder zum zweiten Schritt zurückgekehrt werden. Unbehagen und Leichtsinn (vielleicht sogar Ungeduld) sind wahrlich kein Garant für das schmerzlose Erlernen der Feuerschluck-Technik. Vermittelt das Feuerschlucken im zweiten bzw. dritten Schritt Angst, kann das zu hektischen, unüberlegten, unkoordinierten und gefährlichen Bewegungen führen. Eine Rückkehr zum ersten oder zweiten Schritt ist hingegen ungefährlicher.

Feinheiten bei der Technik

Aushauchen minimieren

Ist gerade erst mit dem Ausprobieren der Feuerschluck-Technik begonnen worden, wird häufig zu fest gegen die Fackelflamme gehaucht. Dies bedeutet aber, daß das Auslöschen der Flamme noch außerhalb des Mundes geschieht und von den Zuschauern gesehen werden kann. Auch wenn es sehr viel Überwindung kostet, muß versucht werden, die Flamme möglichst spät und so schwach wie eben nötig auszuhauchen.

Mit einiger Übung wird dies immer perfekter praktiziert. Später weiß dann selbst der Akteur nicht mehr, daß er die Flamme eigentlich aushaucht.

Langsame Bewegungen

In der Lernphase werden meist relativ schnelle Bewegungen beim Feuerschlucken gemacht. Die Fackel wird schnell in den Mund geführt, um so schnell wie irgend möglich die Flamme zu löschen. Zudem wird die Fackel in der Regel schnell wieder aus dem Mund genommen. Ein langsamer Fluß der Bewegungen wirkt harmonischer und dadurch sicherer. Eine sichere, reife Bewegung der Fackel vermittelt einen sehr professionellen Eindruck.

Tricks rund um das Feuerschlucken

Die Wirkung des Feuerschluckens ist unumstritten enorm und wird Zuschauer stark faszinieren. Es ist aber möglich, eine Vielfältigkeit in das Trickrepertoire zu bringen, so daß die Zuschauer noch stärker beeindruckt werden können.

Im folgenden sind einige weitere Effekte aufgeführt, die recht verbreitet sind und die Zuschauer immer wieder fesseln. Der eigenen Phantasie sind jedoch bei der Schöpfung neuer Effekte und Tricks keine Grenzen gesetzt.

Fackel NICHT im Mund löschen

Ein sehr schöner Effekt besteht darin, daß die Fackel beim Einführen in den Mund nicht ausgehaucht wird. Die Fakkel kann also brennend wieder aus dem Mund präsentiert werden. Dieser Effekt wirkt sehr gefährlich, was er aber bei richtiger Ausführung kaum ist.

Meistens taucht dieser Effekt unfreiwillig beim Einstudieren der Feuerschluck-Technik auf – in der einen oder anderen Form. Jetzt muß die Willkür nur noch bezwungen werden, und es muß am Stil gefeilt werden. Sehr aufregend sieht es aus, wenn die Lippen tatsächlich über der brennenden Flamme geschlossen werden. Was im ersten Moment unmöglich erscheint, ist möglich, sofern natürlich die Lippen nicht allzu lange geschlossen bleiben. Zudem muß in diesem Moment auf Atmung oder

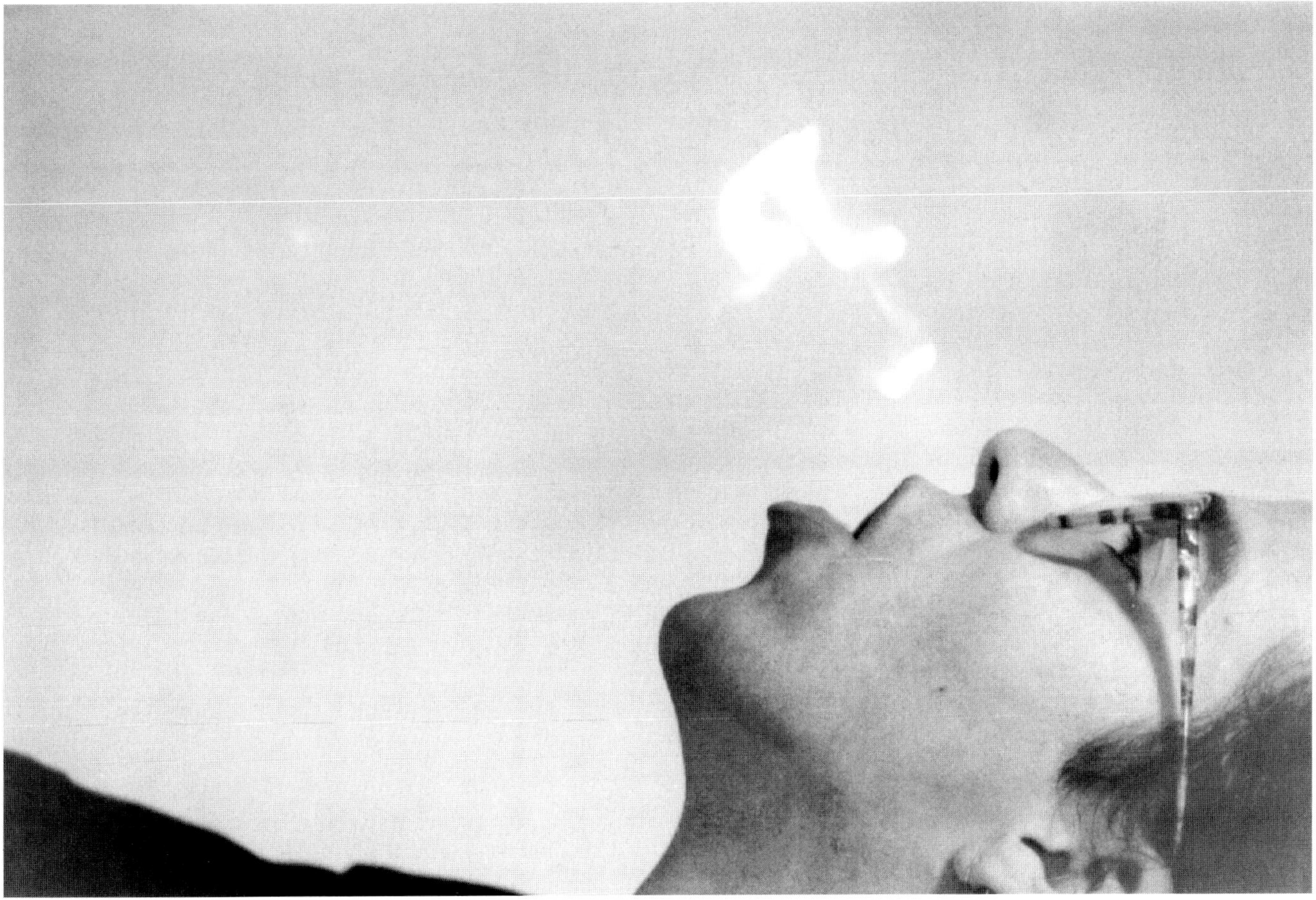

Luftströmungen im Mund- und Rachenbereich verzichtet werden.

Besonders eindrucksvoll wirkt es, wenn beim Ausführen der brennenden Fackel aus dem Mund die Silbe AU lautlos formuliert wird. Dadurch entflammen Benzinablagerungen im Lippenbereich, und eine kleine Flamme lodert auf den Lippen. Wichtig ist der Luftstrom der Silbe AU. Dieser darf nur recht leicht sein. Ein Verbrennen der Lippen gibt es bei diesem Effekt in der Regel nicht, da das Benzin fast nur im gasförmigen Zustand (nach Verdampfung) dicht über den Lippen abbrennt.

Verwenden von mehreren Fackeln

Für die Vorführung empfiehlt es sich, zwei oder drei Fakkeln zur Hand zu haben (vgl. auch Kapitel »Ausrüstung und Materialien«). Da es auch beim Feuerspucken Effekte gibt, die auf zwei Fackeln basieren, ist es günstig, auch beim Feuerschlucken mehrere Fackeln in das Geschehen mit einzubeziehen.

Ein Comedy-Effekt läßt sich erzielen, wenn wie folgt verfahren wird. Drei (oder nur zwei) brennende Fackeln werden in einem Bündel in einer Hand gehalten. Zum Feuerschlucken wird dann eine der Fackeln in die andere Hand übernommen und nach dem Löschen in die eine Hand zu den beiden anderen Fackeln zurückgegeben, wobei die nächste Fackel ergriffen wird. Dies kann man beliebig oft wiederholen, da sich die gelöschte Fackel immer wieder an den anderen beiden entflammt. Nie wird so die Zahl der brennenden Fackeln geringer.

Allerdings muß hierbei auf die Erhitzung der Fakkelschafte geachtet werden. Da die Fackeln fast die ganze Zeit brennend in der Hand gehalten werden, abgesehen von der Zeit vom Löschvorgang bis zur Rückgabe in die gleiche Hand, werden die Schafte sehr, sehr heiß. Wenn dann die Lippen nach dem Löschen der Fackeln den Schaft berühren würden, gäbe es schnell Verbrennungen.

Löschen und Anzünden

Ein sehr schwieriger Effekt, der aber sehr schön anzuschauen und von wahrscheinlich größter Publikumswirksamkeit ist, besteht im Anzünden einer Fackel im Mund. Hierzu wird zuerst eine Fackel im Mund gelöscht (oder brennend wieder aus dem Mund geführt) und dann eine zweite Fackel mit den noch an den Lippen lodernden Flammen entzündet. Diese Technik ist recht schwer zu erlernen. Doch auch hier verhilft oftmaliges Üben zur erforderlichen Routine.

Genaue Beschreibung des Ablaufes:
Die erste Fackel wird, wie bereits oben beschrieben, in den Mund geführt und gelöscht. Dabei muß mit dem brennenden Watteknäuel an den Lippen vorbeigestreift werden (das klingt schlimmer, als es ist), um Benzinreste auf die Lippen zu bringen, die dann weiter brennen. Ziemlich schwer zu erlernen und auch zu beschreiben ist der Vorgang, wenn die Fackel einerseits gelöscht und die Flamme auf den Lippen andererseits weiter lodern soll. Dies ist kaum zu erklären und muß durch viele Versuche ausprobiert werden.

Etwas einfacher ist es, wenn die Fackel im Mund nicht gelöscht wird, d.h. wenn, wie im Abschnitt »Fackel NICHT im Mund löschen« beschrieben, verfahren wird. Dann stellt es kein so großes Problem mehr dar, die zweite Fakkel an den Lippen zu entzünden. Selbstverständlich muß die Zeit zwischen dem Löschen der ersten Fackel und dem Entzünden der zweiten sehr kurz bemessen sein, damit der Effekt funktionieren kann. Dazu müssen beide Fackeln in die Hände genommen werden, um dann beispielsweise mit der rechts gehaltenen Fackel den Löschvorgang (oder eingeschränkt das Verbleiben des Feuers am Mund) zu vollziehen, und gleich darauf mit der links gehaltenen Fackel den Entzündungsvorgang. Die Zeit zwischen den beiden Phasen liegt im Sekundenbereich.

Optimales Halten mehrerer Fackeln (Der Kreuzgriff)

Wenn drei brennende Fackeln beispielsweise der Reihe nach im Mund gelöscht werden sollen und kein Comedy-Effekt daraus entstehen soll, dann wäre es unsinnig, die Fackeln in einem Bund zu halten, da sie sich andauernd wieder entzünden.

Sofern die Fackeln nicht abgelegt werden, können drei brennende Fackeln hervorragend in einer Hand gehalten werden. Dies geschieht, indem sie in die geballte Faust gesteckt werden – je eine von den Seiten und eine zwischen Zeige- und Mittelfinger. Die äußeren Fackeln liegen dann jeweils in einem rechten Winkel zu der mittleren Fackel. Alle Fackeln liegen jedoch in einer Ebene.

Feuerschlucken mit zwei (oder mehreren) Fackeln

Wem die Größe einer Fackelflamme nicht reicht, oder wer gerne einen sehr publikumswirksamen Effekt ausprobieren möchte, der kann versuchen, zwei Fackeln (oder vielleicht sogar drei?) zusammen im Mund zu löschen. Dies ist allerdings nicht ganz ungefährlich, da die Flammengröße nun wirklich immense Ausmaße annimmt. Und auch der Gesamtumfang der Fackelköpfe nimmt hierbei beträchtliche Ausmaße an. Doch es ist möglich, sofern ein kühler Kopf bewahrt wird.

Die Fackeln werden als Bund in die Hand genommen und im weiteren Verlauf der Handlung als eine betrachtet.

Tricks im Kurzüberblick

➤ Fackel NICHT im Mund löschen
Wenn auf das Aushauchen verzichtet wird, dann kann die Fackel brennend wieder aus dem Mund präsentiert werden. Lautloses Artikulieren der Silbe AU läßt lodernde Flammen auf den Lippen erscheinen. Schließen der Lippen über der Flamme wirkt enorm.

➤ Verwendung mehrerer Fackeln
Comedy-Effekt: Stetiges Zurückgeben gelöschter Fackeln zu anderen brennenden Fackeln führt zu einer nicht enden wollenden Kette von Löschvorgängen.

➤ Löschen und Anzünden
Die erste Fackel wird im Mund gelöscht, woraufhin eine zweite am Mund entzündet wird.

➤ Schlucken mehrerer Fackeln
Statt einer Fackelflamme werden gleichzeitig mehrere im Fackelbund geschluckt.

Weitere Tricks mit Feuer

Die in den vorherigen Kapiteln »Feuerspucken« und »Feuerschlucken« beschriebenen Tricks und Möglichkeiten lassen sich bestens durch weitere Tricks ergänzen. So kann ein vielfältiges und abwechslungsreiches Programm für eine Vorführung zusammengestellt werden, deren Hauptthema das Feuer darstellt. Im weiteren werden darum einige Tricks mit Feuer erklärt bzw. kurz umrissen.

Einige Tricks stammen aus dem Bereich der Zauberkunst und können deshalb hier im Buch nicht erläutert werden. In der Zauberkunst gibt es eine unausgesprochene Regel, welche die Weitergabe von Tricks untersagt. Bei Zauberartikel-Händlern können jedoch solche Tricks (in Form von Manuskripten mit dem entsprechenden Zubehör) erworben werden. Im letzten Teil des Buches werden solche Händler genannt, bei denen der entsprechende Trick (bzw. das Trick-Know- how) bezogen werden kann.

Mit den in diesem Kapitel beschriebenen Tricks und den Variationen des Feuerspuckens und Feuerschluckens kann nun ein Programm erarbeitet werden. Selbstverständlich ist hier Einfallsreichtum angebracht; eine Verbindung mit Clownerie oder Jonglage wird beispielsweise häufig praktiziert.

Die Beschreibung der Tricks inspiriert hoffentlich den einen oder anderen Leser zu neuen, spektakulären Effekten.

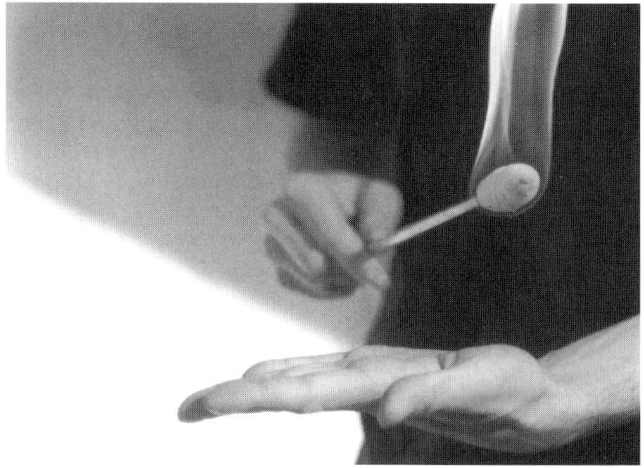

Feuer in der Hand

Nachdem die Techniken des Feuerspuckens und Feuerschluckens bereits gefestigt sind, wird sich ein Gefühl der Sicherheit im Umgang mit Flammen einstellen. Für den hier beschriebenen Effekt ist ein großes Selbstvertrauen notwendig. Allerdings ist die Ausübung dieses Tricks kein Problem mehr, wenn das viel schwierigere Feuerschlukken beherrscht wird.

Die brennende Fackel wird einfach über die nach oben gehaltene Handinnenseite gestrichen. So entsteht ein direkter Kontakt mit der Fackelflamme, was an sich schon eindrucksvoll genug aussieht. Ist die Fackel jedoch zusätzlich noch relativ frisch getränkt, dann verbleibt etwas Benzin (Vorsicht: wirklich nur ETWAS) auf der Abstreichspur der Fackel in der Handfläche. Dieses flammt dann mit etwas Verzögerung ab. Für die Zuschauer wirkt das ungemein gefährlich, da das Feuer für sie sichtbar unmittelbar in der Hand brennt. In der Tat ist der Brennvorgang aber nicht ganz so gefährlich, da sich allenfalls erträgliche Hitze entwickelt. Zudem brennt das Benzin nicht auf der Handoberfläche, sondern ein wenig darüber. Das ist der Fall, weil das Benzin stetig verdampft und nur der gasförmige Teil entzündet wird.

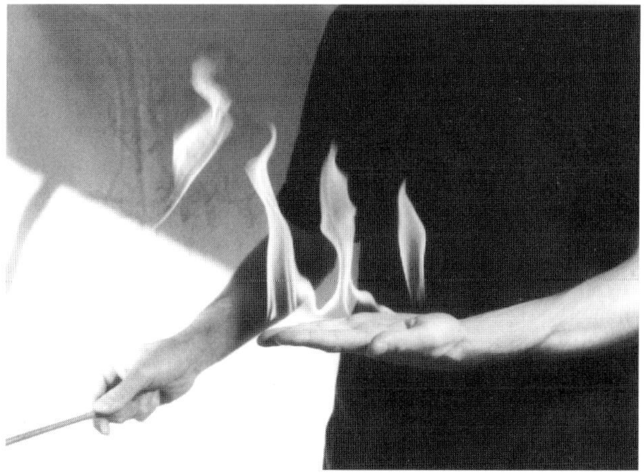

Nicht zu empfehlen ist die Durchführung dieses Tricks auf dem Handrücken oder den Armen, wenn dort eine (starke oder schwache) Behaarung vorliegt. Ein kleiner Haarflaum reicht schon aus, um den Effekt schmerzlich enden zu lassen. Brennende oder schmilzende Haare verbreiten einen recht auffälligen (und unangenehmen) Geruch und ein starkes Hitzeempfinden.

Feuerhandschuhe

In der Zauberkunst wird dieser Effekt u.a. für das Erscheinenlassen von Tauben verwendet. Bei den meisten Zauberartikelhändlern kann dieser Trick bestellt werden. Geliefert wird er dann mit Instruktionen und den notwendigen Materialien.

Der genaue Trickablauf wird hier aus Rücksichtnahme auf die Urheber und Vertreiber nicht genannt. An dieser Stelle wird lediglich eine auf Feuerspucker abgewandelte Form beschrieben.

Notwendige Materialien

- Handschuhe aus reiner Baumwolle
- Wundbenzin
- Schale (flach)
- Feuerquelle

Vorbereitung

In eine flache Schale wird etwas Wundbenzin (etwa 2-3 mm hoch) gegossen. Außerdem wird ein Paar Handschuhe mit Wasser angefeuchtet. Dies geschieht, indem es in Wasser getunkt und dann ausgewrungen wird. Der Künstler zieht die Handschuhe an und tippt die Fingerkuppen (alle!) für ein paar Sekunden in das Benzinbad.

Vorführung

An einer Kerze oder Fackel (o.ä.) können die Handschuhe dann entflammt werden. Dabei müssen sie mit den Fingern nach oben gehalten werden, damit die Hände oder Unterarme keinen Schaden nehmen (vgl. auch Abbildungen). Je nach Feuchtigkeit der Handschuhe und Intensität der Benzintränkung schlagen verschieden große Flammen von den Fingern hoch. Eine Flammenhöhe von etwa 30-40 cm ist ohne Probleme realisierbar.

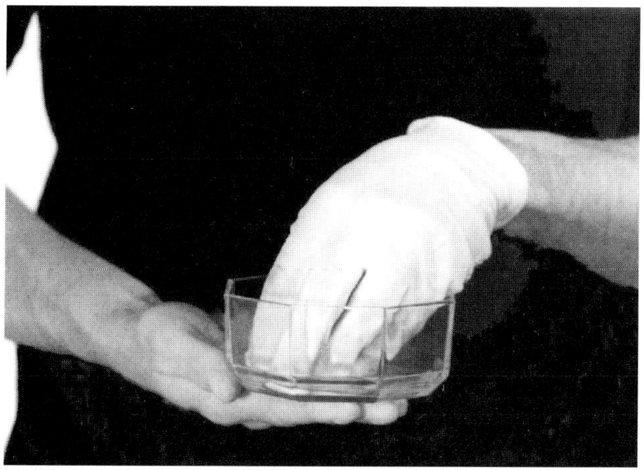

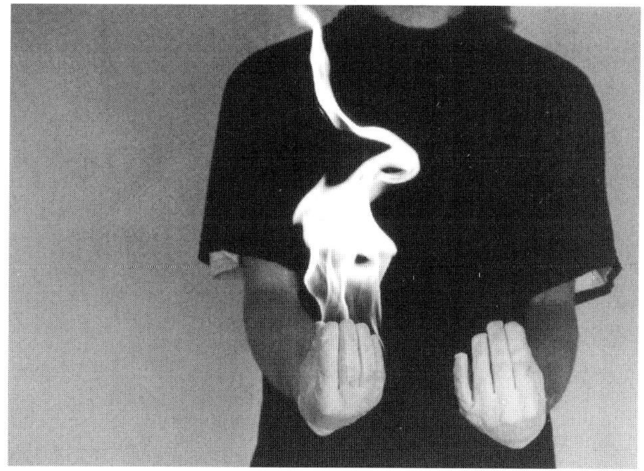

Bemerkungen

Dieser Trick ist bei richtiger und achtsamer Ausführung nicht gefährlich! Durch die Anfeuchtung der Handschuhe mit Wasser ist die Hitzeentwicklung für die Finger erträglich. Es muß darauf geachtet werden, daß sich die Handschuhfinger nicht bis über das zweite Fingerglied mit Benzin vollsaugen, denn sonst schlagen sehr große Flammen empor, und Verbrennungen an den Fingern können auftreten.

Ein anderes Problem taucht auf, wenn die Handschuhe zu stark in Benzin getränkt wurden. Es kann nun vorkommen, daß das Benzin am Handschuh bzw. am Unterarm entlangläuft und sich entzündet. Dies ist möglich, weil die Hände fingeraufwärts gehalten werden.

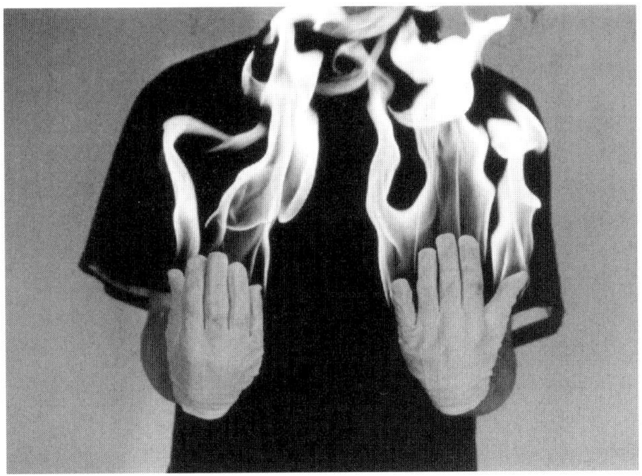

Hier empfiehlt es sich wieder einmal, daß die Ausführung sorgfältig erprobt wird. Es muß mit kleinen Benzinmengen begonnen werden, die dann langsam gesteigert werden. Dies kann auf zwei unterschiedliche Weisen erreicht werden. Zum einen kann die Höhe der Flüssigkeit in dem Benzinbad variiert werden, zum anderen ist auch die Eintauchdauer der Fingerkuppen in das Bad veränderbar.

Da die Brenndauer des Benzins in den vollgesogenen Handschuhfingern abhängig ist von der Menge desselben, ist der Brennvorgang zeitlich begrenzt und gut zu bestimmen. Das Feuer erlischt also von alleine, und die Handschuhe brennen ohne Benzin nicht weiter!

Da Benzin einer starken Verdampfung unterworfen ist, empfiehlt es sich, nicht allzuviel Zeit zwischen der Vorbereitung und der Vorführung dieses Effektes verstreichen zu lassen. Die Formulierung ist recht vage, aber der Zeitabstand von beispielsweise einer Minute ist schon zu lange (Gemeint ist hier die Zeit zwischen dem Tränken der Handschuhe in Benzin und dem anschließenden Entzünden).

Die Handschuhe können eine ganze Weile vor der Vorführung mit Wasser angefeuchtet werden. Allerdings ergibt sich ein Problem, wenn zur gleichen Zeit die Benzinschale gefüllt wird. Denn das Benzin verdampft sehr schnell.

Natürlich könnte der verdampfende Benzinteil auf den notwendigen Anteil aufaddiert werden, so daß eine Verdampfung mit einkalkuliert wird. Doch davon ist wegen der Umweltbelastung sowie der bestehenden Gefahr durch die Benzindämpfe unbedingt abzuraten!

Das Material der Handschuhe muß in jedem Falle reine Baumwolle sein, da synthetische Anteile schmilzen würden. Dies würde Verbrennungen und üble Gerüche mit sich bringen. Die Handschuhe sind beliebig oft verwendbar, da sie bei dem Trickablauf keinen Schaden nehmen. Allenfalls die starke Rußablagerung auf und in dem Stoff ist zu erwähnen. D.h. die Handschuhe sollten in Abständen ausgewaschen werden.

Feuerspucken mit den Feuerhandschuhen

Das Feuerspucken mit den Feuerhandschuhen unterscheidet sich nicht wesentlich von dem bereits erklärten »normalen« Feuerspucken. Anstelle einer Fackel wird zur Entzündung des ausgestoßenen Fluidnebels die Flamme der Feuerhandschuhe verwendet.

Achtung! Es darf auf keinen Fall direkt auf die Handschuhe gespuckt werden, da sonst der Fluidnebel (und somit der Feuerball) zum Gesicht zurückschlagen könnte.

Am besten wird (wie auch beim »normalen« Feuerspucken) über die Handschuhe hinweg in Richtung der Flammenspitze gespuckt. Zudem sollte auf eine anschließende Abwärts- oder Seitwärtsbewegung der Hände geachtet werden.

Brennender Daumen

Aus einem älteren Werbefilm eines bekannten Speiseeis-Herstellers ist dieser Effekt wahrscheinlich vielen Lesern bekannt. In diesem Film versucht u.a. ein junger Mann eine (wenig an ihm interessierte) Frau mit seinem brennenden Daumen zu beeindrucken.

Um diesen Trick auszuführen, ist ein Gimmick (Hilfsmittel) notwendig. Aus Rücksichtnahme auf die Urheber und Vertreiber dieses Gimmicks kann deas Trickgeheimnis hier nicht näher erläutert werden.

Es muß aber noch erwähnt werden, daß der Trick im Film oder auf einem Photo sicherlich beeindruckender und überzeugender ist als in Natura.

Feuer verspeisen

Eine Schale wird mit hochprozentigem, brennbarem Genußalkohol (!) gefüllt. In die Schale werden Rosinen gegeben, der Alkohol wird entzündet. Werden nun Rosinen mit einer Gabel aufgespießt und durch die brennende Alkoholoberfläche an die Luft geholt, so umgibt sie ein brennender Alkoholfilm. Die Rosinen können nun in den Mund genommen werden, wo die Flamme dann sofort erlischt.

Der Trick sieht recht spektakulär aus, ist aber nicht sehr gefährlich. Allerdings muß erwähnt werden, daß die in brennendem Alkohol getränkten Rosinen nicht sonderlich gut schmecken.

Dieser Trick kann variiert werden, indem die Rosinen durch Kürbiskerne, Sonnenblumenkerne usw. ersetzt werden. Wichtig zu beachten ist hierbei allerdings, daß die Kerne unangenehm heiß werden können, falls sie nicht schnell genug in den Mund genommen werden.

Handflasher

Der Handflasher ist ein Trick, bei dem mit Hilfe eines Gimmicks Feuerblitze aus der Hand produziert werden können. Dieses Gimmick kann pro Präparation einmal verwendet werden, d.h. es muß vor jeder neuen Anwendung wieder geladen werden.

Zu beziehen ist dieses Gimmick bei verschiedenen Zauberartikelversänden. In allen Fällen liegt eine Gebrauchsanweisung bei.

Frickle-Fire

Bei Frickle-Fire (z.T. auch Feuersensation etc.) handelt es sich um ein Gimmick (oder je nach Ausführung auch um zwei), mit dem Flammen aus den Handflächen produziert werden können. Ein einfacher Mechanismus (je nach Ausführung mehr oder minder leichtgängig) sorgt dafür, daß die Flammen auf Wunsch erscheinen oder wieder verschwinden.

Werden zwei solcher Gimmicks kombiniert, dann können die Flammen sozusagen von einer Hand zur anderen gezaubert werden.

Verschiedene Zauberartikelhändler bieten diese Gimmicks unter den verschiedensten Bezeichnungen und qualitativen Gesichtspunkten an.

Jonglage mit brennenden Bällen

Die Jonglage mit brennenden Bällen ist nicht sehr verbreitet. Dies hat wahrscheinlich mit dem mangelnden Angebot entsprechender Bälle zu tun. Es gibt allerdings Möglichkeiten, diese brenntauglichen Bälle selber herzustellen.

Die Grundidee dazu ist ein kugelförmiger Drahtkorb, der mit Dochtband bestückt wird. Dazu gibt es nun zwei Möglichkeiten:

Der Drahtkorb wird mit Dochtband umwickelt oder das Dochtband wird in dem Drahtkorb fixiert (beispielsweise durch Umwickeln eines Drahtes, der genau eine Achse darstellt).

Dochtband besitzt ausgezeichnete Brenneigenschaften, so daß die Brennbarkeit der Bälle gewährleistet ist. Als Brennmittel kann Wundbenzin (geeignetes Feuerspuck-Fluid oder Fackelfluid für Jonglierfackeln) verwendet werden.

Allerdings gibt es Nachteile:
Zum einen erhitzt sich das Drahtgeflecht mehr oder weniger in Abhängigkeit vom verwendeten Material (dabei ist die Materialdicke entscheident). Zum anderen wird das Drahtgeflecht auf die Dauer leicht rußig. Beide Nachteile können abgeschwächt werden, indem beispielsweise schwarze, feuchte Baumwollhandschuhe beim Jonglieren getragen werden. Allerdings kann es dann vorkommen, daß sich ein dünner Benzinfilm auf den Hanschuhen niederlegt, der dann ebenfalls brennt. Eine starke Hitzeentwicklung in den Handschuhen ist dann unausweichlich.

Alternativ zu den Baumwollhandschuhen können beispielsweise dünne Lederhandschuhe getragen werden. Sie garantieren (wenn auch nicht auf sehr lange Dauer) einen guten Schutz vor den Flammen und der Hitze.

Eine andere Möglichkeit ist die Vorbehandlung der Leder- oder Baumwollhandschuhe mit Flammenschutzspray (oder ähnlichen Textilienschutzmitteln).

Es gibt sicherlich viele Möglichkeiten und Wege, um die Drahtkorbkugeln herzustellen. Im folgenden werden einige Ideen genannt: Aus kleinen Kaninchenzaunstükken (ohne Kunststoffbeschichtung) können leichte Kugeln modelliert werden. Überstehende scharfe Spitzen können in das Innere der Kugel gebogen werden. Diese Kugeln lassen sich allerdings vom Dochtband nur umwikkeln. Außerdem sind sie sehr leicht.

Aus stabilem Draht, der verlötet werden kann, können ebenfalls Kugeln modelliert werden. Hierbei kann auch eine Mittelachse mit eingebracht werden, so daß die

Dochtbandbestückung auf die beiden oben genannten Weisen möglich ist.

Letzten Endes können die beiden Modelliermethoden auch entsprechend kombiniert werden. Hier kommt es ganz entscheidend auf den Künstler an. Dieser muß durch Ausprobieren feststellen, mit welchem Typ Ball er am besten zurecht kommt.

Fertige Feuerbälle sind allerdings auch im Handel erhältlich. Diese sind sehr schön verarbeitet und optisch eindrucksvoll. Zudem ist das Material sehr dick und schlecht wärmeleitend, so daß u.U. sogar ohne Handschuhe jongliert werden kann.

Einige Kleinkunstläden führen diese Bälle. Falls dies nicht der Fall ist, so sind sie sicher bereit, entsprechende Bälle zu besorgen. (Die Feuerbälle sind aber nicht billig!)

Feuerspucken mit brennenden Bällen

Das Feuerspucken mit brennenden Jonglierbällen ist sicherlich eine Attraktion. Schon allein aus dem Grunde, weil diese Art des Feuerspuckens selten praktiziert wird. Zu dieser Technik läßt sich nicht viel anmerken, abgesehen von der Tatsache, daß dieser Trick nur probiert werden sollte, wenn sowohl das Feuerspucken als auch das Jonglieren keine Schwierigkeiten bereitet.

Erst dann ist es vernünftig, diese Fähigkeiten zu kombinieren, da einige Probleme (Timing, Trennung der Bewegungsabläufe) zu meistern sind. Sollte dieser Trick dann gelingen, so sei versichert, daß sich die Mühe gelohnt hat.

Chemische Betrachtungen

Das Ziel dieses Kapitels soll sein, Interesse für die chemischen Abläufe beim Feuerspucken und Feuerschlucken zu wecken. Darüber hinaus soll geklärt werden, warum bestimmte Mittel dazu verwendet werden, und welche chemische Bedeutung diese haben.

Für das genaue Verständnis dieser Abläufe ist ein gewisses Grundwissen erforderlich. Im folgenden wird darum auf die chemische Zusammensetzung der einzelnen Mittel eingegangen, und zudem werden das Feuerspucken sowie weitere Tricks auf den chemischen Aspekt hin untersucht. Die Ausführungen hierzu sind teilweise komplex und auch ein wenig kompliziert. Die Leser allerdings, die sich für die Ursachen der Feuereffekte nicht interessieren, können selbstverständlich über das Kapitel hinwegsehen. Sämtliche Tricks lassen sich auch ohne das Wissen um deren Ursachen und Gründe erlernen.

Vielleicht ist beim Lesen der vorherigen Kapitel schon einmal die Frage aufgetaucht, woraus beispielsweise Petroleum besteht. Entsprechende Antworten folgen.

Feuer und Flamme

Der größte Reizfaktor des Feuerspuckens und Feuerschluckens ist wohl der Umgang mit dem Feuer bzw. die Kontrolle von Flammen. Deswegen werden zuerst einmal grundsätzliche Begriffe erläutert.

Was ist eine Verbrennung?

Eine Verbrennung ist eine schnell ablaufende Reaktion einer Substanz mit Sauerstoff. Es entsteht Wärme und Licht, zudem entweicht Kohlendioxid. Die äußere Erscheinungsform einer Verbrennung (wobei meistens Rauch, Glut und Flammen entstehen) wird Feuer genannt.

In der Regel beginnt eine Verbrennung durch anfängliches Erhitzen (Entzündung; bei Gasen und Dämpfen Entflammung). Später läuft sie selbstständig ab.

Flammen sind nichts anderes als glühende Gase, die entstehen, wenn verdampfte Flüssigkeiten verbrennen. Das Leuchten hat zwei Ursachen:

Der Brennstoff verbrennt nur an der Flammenoberfläche (dort steht Sauerstoff zur Verfügung), und bei dieser Verbrennung wird Energie in Form von Licht frei. Zudem werden die Brennstoffteilchen im Innern der Flamme (keine Sauerstoffzufuhr!) nicht verbrannt, sondern sie glühen nur auf. Diese entweichen dann als sogenannte Rußpartikel.

Die Verbrennungstemperaturen differieren erheblich; sie sind abhängig von den verwendeten Brennstoffen sowie der Menge der Sauerstoff- bzw. Luftzufuhr. Leider ist in der einschlägigen Literatur nichts konkretes über die Temperaturbereiche einer (Wund-) Benzinfackel zu finden. Um allerdings eine Ahnung von der Größenordnung entstehender Temperaturen zu erhalten, kann dazu der Bunsenbrenner (Gasbrenner aus dem chemischen Laborbedarf) herangezogen werden. Bei diesem Gerät können Temperaturen in der Größenordnung von 500-1000°C ausgemacht werden.

Kohlenwasserstoffe

Die zum Feuerspucken und Feuerschlucken verwendeten Brennmittel haben alle den gleichen Ursprung. Aus diesem Grund können sie zusammenfassend in die Kategorie der Kohlenwasserstoffe eingeordnet werden.

Kohlenwasserstoffe bestehen in der ursprünglichsten Form, wie der Name schon sagt, ausschließlich aus Kohlenstoff- und Wasserstoffatomen. Sie kommen vor als Kohlenstoffketten oder -ringsysteme, die mit Wasserstoffatomen abgesättigt sind. Je nach Anzahl der Kohlenstoffatome pro Molekül, können verschiedene Aggregatzustände zugeordnet werden:

Kohlenstoffatome	Aggregatzustand	Beschreibung
1 bis 4	gasförmig	Bsp.: Heizgase
5 bis 16	flüssig	benzinähnlich oder ölig (Paraffinöl)
mehr als 16	fest	wachsartig

Kohlenwasserstoffe sind brennbar, allerdings nur im gasförmigen Zustand. Stoffe, die eine festen oder flüssigen Zustand haben, müssen also erst verdampfen, um zu verbrennen. (Vergleiche dazu die Ausführungen über das Verdampfen von Benzin weiter unten im Kapitel.)

Gewonnen werden Kohlenwasserstoffe aus Erdöl, das einer Destillation und/oder einem Crackvorgang (insgesamt: Raffination) unterzogen wird. Erdöl besteht in der natürlichen, unbehandelten Form aus einem Gemisch verschiedenster Kohlenwasserstoffe und vieler weiterer Substanzen.

Aus Erdöl können unzählige Verbindungen gewonnen werden, wie Schmieröl, Heizgas, Kraftstoffe, Flugbenzin, Wachs usw. Desweiteren werden Produkte wie Petroleum, Paraffinöl, Wundbenzin und Alkohol i.d.R. aus den im Erdöl enthaltenen Kohlenwasserstoffen hergestellt. Gerade die zuletzt genannten Produkte sind hier relevant.

Benzin

Benzin ist ein Gemisch von etwa 150 Kohlenwasserstoffen. Es handelt sich hierbei meist um verzweigte, kettenförmige Moleküle, die etwa 5-12 Kohlenstoffatome in Einfachbindung enthalten.

Benzin ist gewöhnlich eine wasserhelle, leicht verdunstende, feuergefährliche, brennbare und eigenartig riechende Flüssigkeit, die zudem über stark fettlösende Eigenschaften verfügt.

Wundbenzin ist eine der verschiedenen Benzinsorten. Unterschieden werden diese Sorten anhand ihrer Siedepunkte (Sdp.) und Dichten (D.). Wundbenzin (Sdp. 40-70 °C, D. 0,65) gehört zur Gruppe der Leichtbenzine, die sich durch niedrige Siedepunkte und Dichten auszeichnet.

Weiter vorne in diesem Buch wurde bereits eine kapitale Eigenschaft der Kohlenwasserstoffe genannt; sie sind nur in gasförmiger bzw. verdampfter Form brennbar. Bezogen auf Wundbenzin bedeutet dies, daß das Benzin immer nur an der Oberfläche (die mit Luft in Verbindung steht) verbrennt.

Dies liegt an folgendem allgemeinen chemischen Zusammenhang: Je höher die Temperatur, desto größer ist auch der Dampfdruck einer Flüssigkeit. D.h. es wechseln verstärkt Moleküle in die Gasphase, wo sie dann für eine Reaktion zur Verfügung stehen.

In einer benzingetränkten Wattewicklung laufen genau diese Vorgänge ab. Der Dampfdruck der Benzinflüssigkeit verursacht einen Übergang der Benzinmoleküle in die

Gasphase. Dort können sie mit Luftsauerstoff reagieren, d.h. es findet eine Verbrennung statt.

Das erklärt auch, warum die Wattewicklung selbst kaum verbrennt. Meistens ist der Fackelschaft nach längerer Benutzung verrußt. Hier lagern sich Rußpartikel (Kohlenstoffteilchen) ab.

Bei dem Trick »Feuer in der Hand« oder den »Feuerhandschuhen« wird ebenfalls der beschriebene Effekt genutzt. Die Benzinmoleküle entweichen in die Gasphase, weil sie große Bewegungsenergien besitzen. D.h. die Gesamtenergie (auch: Wärme) der Benzinflüssigkeit nimmt ab, weil durch abwandernde Benzinmoleküle auch Energie verloren geht. So sorgt ein Verdampfen von Benzinteilen für eine Abkühlung des flüssigen Benzins. Dies macht die oben genannten Tricks für die Hände erträglich.

Achtung! Benzin kann aber auch verpuffen. Unter Verpuffung wird eine schnell ablaufende Verbrennung unter Druckentwicklung verstanden. Dazu muß allerdings die Benzindampfkonzentration in der Luft sehr hoch sein. Im Normalfall (Fackelentzünden an einem bechergroßen Benzingefäß) wird dies nicht der Fall sein.

Aber es sind in der Vergangenheit gefährliche Unfälle bei den Versuchen aufgetreten, mit Benzin Feuer zu spukken. Bei der feinen Zerstäubung des Benzins in der Luft kann die Verbrennung in einer enormen Geschwindigkeit stattfinden (Verpuffung) und zu üblen Verletzungen führen. Bei der Verwendung von Feuerspuck-Fluids besteht diese Gefahr nicht, da sie reaktionsträge sind. Dazu aber mehr in den folgenden Abschnitten.

Feuerspuck-Fluids

In den vorherigen Kapiteln wurde der Begriff des Feuerspuck-Fluids allgemein gehalten. Fluids werden aus den unterschiedlichsten Flüssigkeiten hergestellt. In den Herstellerhinweisen der angebotenen Fluids gibt es die Bezeichnungen:

- Hochgereinigtes Petroleum
- Ultrafiltrat vom Petroleum
- Gereinigtes Paraffinöl

In den folgenden Abschnitten »Petroleum« und »Paraffinöl« befinden sich nähere Informationen.

Petroleum

Petroleum ist die historische Bezeichnung des Erdöls. Heutzutage wird unter Petroleum eine bestimmte Fraktion des Erdöls verstanden. Diese Fraktion wird mit Hilfe chemischer Prozesse (Destillation und Cracken; vgl. auch oben) extrahiert bzw. hergestellt. Hierbei handelt es sich um Kohlenwasserstoffe, die dem Siedebereich 150-280 °C unterliegen.

Die Reinigung des Petroleums findet auf chemischem und physikalischem Wege statt. Spezielle Raffinationsgänge beseitigen Alkene (ungesättigte Kohlenwasserstoffe mit Mehrfachbindungen), dunkle Bestandteile, entschwefeln, entparaffinieren (Entfernung fester oder flüssiger Gemische aus gesättigten Kohlenwasserstoffketten) und entfernen Aromate (Kohlenwasserstoffe mit bestimmtem Kohlenstoffgerüsten).

Das gereinigte Petroleum besteht dann aus gesättigten Kohlenwasserstoffketten oder -ringsystemen mit Einfachbindungen.

Ebenso wie das Benzin ist Petroleum prinzipiell brennbar. Es muß dazu nur im gasförmigen oder verdampften Zustand vorliegen. Allerdings ist es reaktionsträge, d.h. eine Verpuffung kann nicht zustande kommen.

Eine feine Zerstäubung des Petroleums durchmischt die Flüssigkeit mit genügend Sauerstoff, so daß nach einer Entflammung der Verbrennungsvorgang unabhängig weiterlaufen kann. Dabei kommt eine leuchtend gelbe Farbe zustande, die u.a. durch das Aufglühen vieler Kohlenstoffteilchen im Innern der Petroleumtröpfchen entsteht. Diese Teilchen entweichen als Ruß.

Der dargestellte Sachverhalt findet in dieser Art beim Feuerspucken statt. Anstelle des Petroleums verwendet der Feuerspucker seinen Fluid.

Bemerkung! Je stärker die Zerstäubung des Fluids ist, desto besser kann die Verbrennung ablaufen!

Erwärmen des Fluids vor Gebrauch

Hat das Fluid aufgrund einer kühlen Witterung eine niedrige Eigentemperatur, kann eine Verbrennung nicht optimal ablaufen. Eine Erwärmung des Fluids vor dem Gebrauch schafft aber die erforderlichen Bedingungen, um solch eine optimale Verbrennung zu gewährleisten.

Chemisch betrachtet hat die Temperaturerhöhung des Fluids folgende Konsequenz: Die Viskosität (Zähigkeit) des Kohlenwasserstoffgemisches wird vermindert, d.h. die Teilchen haben mehr Energie. Dies hat zur Folge, daß die intermolekularen Kräfte (=Anziehungskräfte zwischen den Fluidteilchen) besser überwunden werden können. Wird das erwärmte Fluid zerstäubt, kann eine feinere Tropfengröße erreicht werden, da das Fluid eine geringere Viskosität aufweist.

Dies ist natürlich eine ideale Voraussetzung für eine optimalen Verbrennung, denn durch die feine Zerstäubung kann möglichst viel Luftsauerstoff mit den Teilchen aus dem Fluidtropfen reagieren.

Außerdem hat die Erhöhung der Eigentemperatur noch einen zusätzlichen und nützlichen Effekt. Um hier im konkreten Falle eine chemische Reaktion in Gang zu bringen, ist eine bestimmte Konzentration von Gasteilchen notwendig; diese erhöht sich allerdings mit zunehmender Temperatur (vgl. dazu auch oben; ein erhöhter Dampfdruck verursacht einen verstärkten Übergang in die Gasphase).

Dies bedeutet, daß die Verbrennung zügiger abläuft, weil mehr Gasteilchen für die Reaktion zur Verfügung stehen. Außerdem ist die Verbrennung rückstandsloser, da die Fluidtropfen kleiner sind und somit vollständiger in die Verbrennung eingehen können.

Paraffinöl

Paraffinöl ist ein klares, farbloses, ölartiges, ungiftiges und reaktionsträges Gemisch aus Kohlenwasserstoffen. Es setzt sich aus dünn- und dickflüssigem Paraffin zusammen und hat einen Siedepunkt von mehr als 360 °C sowie eine Dichte von 0,88. (Ein klassisches Beispiel für Paraffin ist das Warenzeichen Vaseline.) Genauer betrachtet besteht Paraffinöl aus verzweigten oder unverzweigten, gesättigten Kohlenwasserstoffketten mit Einfachbindungen.

Die Reinigung des Paraffinöls oder des Paraffins erfolgt durch verschiedene, hintereinander geschaltete chemische und physikalische Prozesse. So findet beispielsweise die Extraktion mit Molekularsieben und die Bildung von Einschlußverbindungen mit Harnstoff statt. Färbende Verunreinigungen werden durch abwechselnde Behandlung mit Schwefelsäure und Natronlauge beseitigt.

Paraffine lassen sich auch synthetisch herstellen. Dies ändert zwar nicht ihre chemische Struktur, sondern bedeutet lediglich, daß sie nicht unbedingt aus der Erdölraffination gewonnen werden müssen. Gleiches gilt demnach für Paraffinöl, da es aus bestimmten Paraffinsorten besteht. Der Vorteil einer synthetischen Herstellung liegt in der besseren Kontrolle der ungewünschten Verunreinigungen.

Für die Brennbarkeit und Verbrennung von Paraffinöl gilt gleiches wie auch für Petroleum (vgl. obigen Abschnitt).

Alkohol (Ethanol)

Ethanol ist eine klare, farblose, würzig riechende, brennend schmeckende und leicht entzündliche Flüssigkeit. Es verbrennt mit schwach leuchtender Flamme zu Kohlendioxid und Wasser. Ethanol besteht aus einer kurzen (nur zwei Kohlenstoffatome) Kette, die unverzweigt ist und nur Einfachbindungen besitzt. Ethanol ist kein Kohlenwasserstoff im ursprünglischem Sinne, da hierbei ein Wasserstoffatom durch eine Hydroxylgruppe (=Atomgruppe, bestehend aus je einem Wasserstoff- und Sauerstoffatom) substituiert wurde. Allerdings ist trotzdem noch ein enges Verwandtschaftsverhältnis zu den Kohlenwasserstoffen gegeben.

Ethanol läßt sich synthetisieren aus Acethylen und Ethylen. Ferner kann es durch Fermentation (alkoholische Gärung) gewonnen werden.

Verschiedene Ethanolqualtäten sind der Grund für eine Klassifizierung in Gruppen. Interessierende Gruppen sind hier:

- ➤ Primasprit (mindestens 92,4 Gew.% Ethanol) und feinfiltrierter Sprit
  Beispiel: Genußalkoholika in sämtlichen Formen (zu Genußzwecken geeignet)
- ➤ Brennspiritus (mindestens 92,4 Gew.% Ethanol)
  Beispiel: Spiritus als Grillanzünder (durch Denaturierung bzw. Vergällung nicht genußgeeignet)
- ➤ Absoluter Alkohol (mindestens 99,7 Gew.% Ethanol) (dient zur Herstellung verdünnter Lösungen)

Für Tricks wie »Feuer verspeisen« muß in jedem Falle Ethanol der ersten Gruppe verwendet werden. Dies sind zum Verzehr geeignete, hochprozentige und brennbare Alkoholika. Brennspiritus ist aufgrund der oben angeführten Eigenschaft dazu nicht geeignet. Die dritte Gruppe dient hier nur der Vollständigkeit. Für die Ausübung der erwähnten Tricks sind brennbare (Genuß-) Alkoholika ausreichend.

Der erste Auftritt und Arten der Präsentation

Der erste öffentliche Auftritt

Irgendwann kommt auf jeden Feuerspucker und Feuerschlucker der erste öffentliche Auftritt zu. Besonders aufregend wird es, wenn zum ersten Mal die Darbietung allein im Mittelpunkt steht und die darbietende Person nur als Anbieter und Unterhalter fungiert.

Das Publikum erwartet immer eine ordentliche und weitgehend perfekte Vorführung. Selten wird das Publikum eingeweiht, daß es sich um den ersten öffentlichen Auftritt handelt. Das wäre auch wenig schmeichelhaft für die Zuschauer, weil es sie zu einem Testpublikum degradieren würde. Natürlich gibt es auch Ausnahmen und vollkommen andere Umstände.

Doch all dies führt darauf hinaus, daß sich der Vorführende seiner Sache sehr sicher sein muß und sich keine Fehler erlauben darf.

Das bedeutet nicht, daß beim ersten Auftritt eine perfekte Show präsentiert werden muß, sondern es bezieht sich mehr auf die technische Ausführung der gezeigten Tricks. Der Akteur muß viel Verantwortung tragen. Er darf sich selbst und das Publikum nicht durch Leichtsinnigkeiten und Profilierungszwänge gefährden. Herrscht beispielsweise ein starker Wind, so darf sich ein verantwortungsbewußter Künstler nicht scheuen, Abstand von seinem Vorhaben zu gewinnen, auch wenn er sich damit unter Umständen verständnislose Kommentare einhandelt. Letztlich wird die Mehrzahl der Zuschauer Verständnis haben.

Fehler bei der Trickausführung gefährden allerdings nicht nur die Gesundheit von Künstler und Zuschauer. Können aufgrund bestimmter Fehler Trickgeheimnisse durchschaut werden, dann ist auch der Stand der vielen anderen Feuerspucker und Feuerschlucker geschädigt.

Spontanität und Routine muß erst in zahlreichen Auftritten gesammelt werden. Personen aus der Kleinkunst- und Artistenszene haben hier natürlich Vorteile, denn sie sind den Umgang mit Publikum gewohnt (vgl. auch »Arten der Präsentation«).

Es gibt leider keine Patentrezepte, um (evtl. vorhandene) Nervosität auszuschalten. Hier hat jeder seine persönlichen Ansichten.

Oft hilft es auch, wenn sich der Vorführende stark auf den Ablauf und die Trickausführungen seiner Darbietung konzentriert. So bleibt nur wenig Zeit, um unsicher oder nervös zu werden. Sind die ersten Tricks getan, ist das Publikum schon begeistert. Dies sollte sich der Feuerspukker oder Feuerschlucker zu nutzen machen, weil er mit dieser Reaktion bestens das Selbstbewußtsein stärken kann.

Die richtige Wahl des ersten Publikums kann bei Lampenfieber ebenfalls helfen. Dem einen ist es vielleicht lieber, in vollkommener Anonymität den ersten Auftritt zu bestreiten, dem anderen sagt vielleicht eher ein kleines, überschaubares Publikum mit bekannten Gesichtern zu.

Diese Entscheidung ist mit Sicherheit individuell sehr unterschiedlich. Es sei hier nur einmal angeregt, darüber nachzudenken.

Die Wahl des Wetters (sofern sich das Wetter auswählen läßt), ist ebenfalls von Bedeutung für das Gelingen des ersten Auftritts. Dieses Themengebiet ist aber im Kapitel Gefahren ausreichend behandelt worden.

Hat der Künstler keine Probleme mit allzu schlechten Wetterbedingungen, so kann er sich mehr auf andere Probleme konzentrieren.

Arten der Präsentation

Im Abschnitt Kleidung (siehe drittes Kapitel) wurde bereits angesprochen, in welcher Art und Weise Feuertricks gezeigt und präsentiert werden können. Dies soll an dieser Stelle noch weiter ausgeführt werden, um Anregungen zu vermitteln.

Straßenkleinkunst

In der Straßenkleinkunst gibt es sehr häufig Vorführungen, die auch das Feuerspucken (manchmal auch das Feuerschlucken) beinhalten. Dies findet oft im Rahmen einer Jonglier- oder Fakirdarbietung statt. Diese Shows sind unterschiedlich aufgebaut. Manchmal ist es eher eine ernste Artistikvorstellung; in vielen Fällen jedoch eine Clowneriedarbietung, bei der die Komik und Artistik sehr in den Vordergrund gerückt ist.

Partyveranstaltungen, Feste und ähnliche Gelegenheiten sollen in diesem Zusammenhang zur Straßenkleinkunst zugeordnet werden, da sie meist ohne viele Bühnenmittel auskommen.

In seltenen Fällen liegt der große Teil der vorgeführten Tricks im Bereich um und mit Feuer.

Fakire beispielsweise beherrschen neben den gängigen Nagelbrett- und Scherbentricks auch oft das Feuerspucken.

Neben den ganzen Darbietungsformen, bei denen den Feuertricks eher eine Nebenrolle zugeordnet wird, gibt es allerdings auch Künstler, die ihr Hauptaugenmerk auf das Feuer setzen.

Solche Künstler machen dann beispielsweise ernste Shows mit Feuerspuck- und Feuerschluckeinlagen sowie vielen weiteren Tricks mit Feuer. Oder sie führen diese Elemente eingebunden in Comedy- oder Clownerienummern vor.

Bühnenshow

Bühnenshows unterscheiden sich etwas von Straßenvorstellungen. In der Regel gibt es bei Bühnenshows kaum eine Einbeziehung der Zuschauer in das Geschehen. Dies hat natürlich die Folge, daß der Künstler nicht sehr spontan reagieren muß. Andererseits können Pannen oder Fehler in einer Straßenvorstellung leicht mit spontanen Handlungen abgeschwächt werden. Dies bedeutet aber auch, daß eine Bühnenshow perfekt inszeniert sein muß und Fehler schneller (negativ) auffallen würden.

Auch bei Bühnenpräsentationen gibt es verschiedene Formen der Darbietung. Die Shows können auch hier mal ernst, mal als Comedyvorführung oder als Clownerienummer gezeigt werden.

Als Beispiel hierzu sei ein niederländisches Gespann (Künstler und Assistent) genannt. Diese beiden machen eine wirklich unglaublich komische Show, die aber bis ins kleinste Detail perfekt inszeniert ist. Die Show enthält Artistik, Zauberei und Feuerzauber. Die Feuerschluckdarbietung ist absolute Spitzenklasse, weil sie zum einen perfekt ist und zum anderen eine schöne Rahmenhandlung (ein Rendez-vous!) besitzt.

Vor längerer Zeit zeigte ein Künstler in einer Fernsehshow eine Clownerienummer. Er führte allerlei haarsträubende Tricks mit Feuer vor (u.a. Setzen auf einen brennenden Stuhl, Seilchenspringen mit einem Einrad über ein brennendes Seil). Zum Schluß fügte er noch eine Feuerspuckvorführung hinzu. Diese Show war ebenfalls perfekt durchgeführt, was in Anbetracht der Brisanz der Feuertricks auch absolut notwendig sein muß. Die Verpackung der Tricks in eine Clownerienummer erfordert hier vom Künstler Perfektion und große Konzentration.

Anmerkung: Es ist, so hoffe ich, deutlich geworden, welche unzähligen Möglichkeiten sich in diesem Bereich ergeben. Es kann für den Anfang nicht schaden, teilweise von fremden Darbietungen zu kopieren. Mit der Zeit kann jeder Künstler seinen eigenen Stil finden und die Vorführung an seinen Stil angleichen. Wichtig ist, daß sich ein Künstler mit dem, was er vorführt, identifizieren kann.

Ein Künstler muß von dem überzeugt sein, was er vollbringt!

Einige versicherungstechnische Aspekte

Bei Vorführungen mit Feuer können Pannen und sogar Unfälle auftreten. Deswegen sollte sich der Vorführende über Folgen und deren Auswirkungen in rechtlicher und finanzieller Hinsicht im Klaren sein.

Versicherungsgesellschaften bieten unterschiedliche Versicherungen an, die den Künstler vor großen finanziellen Belastungen schützen. Das Spektrum der Gesellschaften ist sehr breit, und Gespräche mit Vertretern der verschiedensten Gesellschaften haben sehr unterschiedliche Fakten hervorgebracht. Manche Versicherungsgesellschaften tolerieren das feurige Hobby innerhalb ihres Vertragsrahmens, andere hingegen nicht. Im individuellen Falle ist ein Gespräch mit verschiedenen Versicherungsvertretern sicherlich nicht verkehrt. Meist werden Interessenten zuvorkommend beraten, und eine Verpflichtung zu irgendeinem Vertragsabschluß gibt es nicht.

Unfall und Panne

Was ist ein Unfall?

Der Begriff Unfall wird im versicherungsrechtlichen Bereich als ein plötzlich von außen einwirkendes Ereignis bezeichnet, das beim Versicherten unfreiwillig zu einer Gesundheitsschädigung führt.

Den Begriff Panne gibt es im Versicherungsrecht nicht. Hier soll die Panne als ein Ereignis aufgefaßt werden, welches dem Künstler unerwartet unterlaufen kann, aber zu keinen (versicherungsrelevanten) Schädigungen führt.

Es ist sicherlich nicht immer klar, ob nun ein Unfall vorliegt oder nicht, wenn etwas beim Umgang mit Feuer während einer Vorführung oder während des Übens passiert. Dies muß im einzelnen von und mit der entsprechenden Versicherungsgesellschaft geklärt werden.

Was kann passieren?

Es muß unterschieden werden zwischen drei Arten von Schäden bzw. Verletzungen. Erstens kann der Künstler selbst eine Verletzung erleiden, zweitens können Dritte (also Zuschauer) verletzt werden und drittens kann eine Sachbeschädigung vorliegen.

Von entscheidender Bedeutung ist zusätzlich noch, wer genau den Schaden verursacht hat.

Versicherungen

In den folgenden Abschnitten werden die gängigsten Versicherungen, die für den Feuerkünstler in Frage kommen, kurz erläutert.

Gesetzliche Krankenversicherung
Eine Gesetzliche Krankenversicherung kommt für Verletzungen beim Versicherten auf, sofern er sie selbst verursacht hat. Die Versicherungsgesellschaft bezahlt beispielsweise Operationen, Behandlungen und Krankenhausaufenthalte.

Verletzt sich also ein Feuerkünstler ohne Fremdeinwirkung, so trägt die Gesellschaft einen Großteil der anfallenden Kosten. Ergänzt werden kann die Krankenversicherung durch eine Private Unfallversicherung.

Private Haftpflichtversicherung
Die Private Haftpflichtversicherung schützt den Versicherten vor Schadensersatzansprüchen seitens Dritter. Verursacht der Feuerkünstler beispielsweise einen Sachschaden oder verletzt er einen Zuschauer, dann hilft die Haftpflichtversicherung.

Allerdings muß mit der in Frage kommenden Versicherungsgesellschaft genau eruiert werden, ob diese das feurige Hobby duldet.

Private Unfallversicherung
Die Krankenversicherung kann durch eine Private Unfallversicherung ergänzt werden, denn letztere bietet viele weitere Leistungen. Beispielsweise sind die Zahlungen im Falle einer Invalidität höher als bei einer Gesetzlichen Krankenversicherung und es gibt zusätzliche Krankenhaustagessätze.

Die Private Unfallversicherung schützt nur den Versicherten (bzw. auch Familienangehörige), d.h. im konkretem Fall nur den Künstler, nicht aber Zuschauer.

Bemerkung! Es ist sicherlich deutlich geworden, welche Versicherung für welche finanzielle Forderungen einspringt. In der Praxis kann es sein, daß ein entstandener Schaden von mehreren Personen zu verschiedenen Anteilen verursacht wurde, beispielsweise durch eine ungünstige Kette von Ereignissen. Dann teilen sich verschiedene Versicherungsgesellschaften die anfallenden Kosten.

Dieses Kapitel soll nun wirklich keinem Leser eine Versicherung einreden, sondern nur Eventualitäten aufzeigen und Interesse wecken. Wofür sich jeder persönlich entscheidet, ist mit Sicherheit auch eine Frage der Beitragskosten der Versicherungen. Natürlich kann die Notwendigkeit einer Versicherung, die nur bei Eventualitäten eintritt, nicht (oder nur sehr vage) mit faktischen Umständen verrechnet werden. Aber es muß individuell geklärt werden, ob eine Versicherung (oder mehrere) lohnt, wenn beispielsweise nur sehr wenig Auftritte im Jahr absolviert werden.

Adressen und Literatur

Jonglierbedarf
Feuerspuck-Fluid, Fackeln, Dochtband, Fackelflüssigkeit, Feuerbälle, Lycopodium

Balance GmbH
Kortumstraße 5
44787 Bochum
Tel.: 0234-12051
www.balance-fahrradladen.de

Ballaballa
Zülpicher Straße 39
50674 Köln
Tel.: 0221-9231245
www.ballaballa.de

Diabolo Freizeitsport
Neustädter Straße 13
33602 Bielefeld
Tel.: 0521-172572
www.diabolo-freizeitsport.de

Flic Flac
26122 Oldenburg
Gaststraße 13
Tel.: 0441-27788
www.oldenburg.net/flicflac/

Henrys GmbH
In den Kuhwiesen 10
D-76149 Karlsruhe
Tel.: 0721-7836761
Fax: 0721-7836777
www.henrys-online.de

Flying Colors
Eisenacher Straße 81
10823 Berlin
Tel.: 030-78703636
www.jonglerie.de

Kaskaderos
Neidhardstraße 7
86159 Augsburg
Tel.: 0821-5895106
Fax: 0821-5895105
www.kaskaderos.de

Tillshop
Künstler-Equipment
Am Oberfeld 6
89407 Dillingen
Tel.: 09071-7290270
Fax: 09071-7290273
www.tillshop.de

Pappnase & Co.
Von-Essen-Straße 76
22081 Hamburg
Tel.: 040-2981 04-10
www.pappnase.de

Feuergimmicks
Handflasher, Brennender Daumen, Frickle Fire, Feuerhandschuhe

Flash Art GmbH
Detmolder Straße 629 b
33699 Bielefeld
Tel.: 0521-92611-0
www.flashart.com

Stolina Magie
Robert Fislage
Hans-Böckler-Straße 50
59302 Oelde
Tel.: 02522-4258
www.stolina.de

Viennamagic
Stefan G. Simek
Marxergasse 7
1030 Wien
Austria/Österreich
www.viennamagic.com

Literatur

Bacheland, Gaston: Psychoanalyse des Feuers. München 1985, Erstauflage 1949 (Carl Hanser Verlag)

Christen, Hans-Rudolf: Chemie, Frankfurt/Aarau, Diesterweg/Salle Sauerländer

Garth, Benjamin: Fire Eating. A manual of instruction. New York: Brian Dubé Inc., 1993

Krätz, Otto: Historische chemische Schulversuche. Köln: Aulis-Verlag Deubner 1987

Mortimer, Charles E.: Chemie, Stuttgart, New York: Thieme 1987

Reiß, Gisela: Traumbild Feuer – Von der elementaren Wandlungskraft. Träume als Wegweiser. Olten, Freiburg/Breisgau: Walter 1986

Römpp, Chemie Lexikon, 9. Auflage, Stuttgart, New York: Thieme 1990

www.TillShop.de
• Bärlappsporen
• Feuerspuckfackeln
• Feuerspuckflüssigkeit
• Dochtbänder aller Größen
• Alles rund um die Feuerjonglage
DER ONLINE-SHOP
geführt vom 2fachen Guinness-Weltrekordhalter im Ballonmodellieren
TillShop.de
KünstlerEquipment
Am Oberfeld 6
89407 Dillingen, Germany
Tel.: +49 9071 7290270
Fax: +49 9071 7290273

HENRYS
PROFESSIONAL JUGGLING EQUIPMENT
Keulen, Diabolos, Yo-Yos, Beanbags, Jonglierartikel und vieles mehr...
www.henrys-online.de
Henrys GmbH | In den Kuhwiesen 10 | D-76149-Karlsruhe/Germany
Tel.: 07 21-7 83 67 61-62-63 | Fax 07 21-7 83 67 77 | info@henrys-online.de

www.Kaskaderos.de
Jonglieren - Feuer - Magie - Einrad
Alles Rund ums Feuer
- Pyrofluid
- Bärlappsporen
- Fackeln
- umfangreiches Zubehör
Kaskaderos
Neidhardstr. 7
86159 Augsburg
Telefon: 0821 - 58 95 106
Fax: 0821 - 58 95 105